THIAGO QUEIROZ

O PODER DO AFETO

Uma jornada de 21 dias
para uma relação mais equilibrada
e prazerosa entre pais e filhos

fontanar

Copyright © 2024 by Thiago Queiroz

O selo Fontanar foi licenciado para a Editora Schwarcz S.A.

Grafia atualizada segundo o Acordo Ortográfico da Língua Portuguesa de 1990, que entrou em vigor no Brasil em 2009.

CAPA Alceu Chiesorin Nunes
PREPARAÇÃO Angela Ramalho Vianna
REVISÃO Marise Leal e Maria Eugênia Régis

Dados Internacionais de Catalogação na Publicação (CIP)
(Câmara Brasileira do Livro, SP, Brasil)

Queiroz, Thiago
 O poder do afeto : Uma jornada de 21 dias para uma relação mais equilibrada e prazerosa entre pais e filhos / Thiago Queiroz. — 1ª ed. — São Paulo : Fontanar, 2024.

 ISBN 978-65-84954-42-7

 1. Afeto 2. Criação de filhos 3. Família – Aspectos psicológicos 4. Relacionamento entre pais e filhos 5. Relacionamento familiar I. Título.

24-194649   CDD-158.24

Índice para catálogo sistemático:
1. Relacionamento familiar : Psicologia 158.24

Eliane de Freitas Leite – Bibliotecária – CRB-8/8415

Todos os direitos desta edição reservados à
EDITORA SCHWARCZ S.A.
Rua Bandeira Paulista, 702, cj. 32
04532-002 — São Paulo — SP
Telefone: (11) 3707-3500
facebook.com/Fontanar.br
instagram.com/editorafontanar

*Para Anne, Dante, Gael, Maya e Cora.
A vida faz mais sentido ao lado de vocês.*

Sumário

Agradecimentos 9
Introdução 11

O que trouxe você até aqui? 17
O check-in diário 27
A jornada 43
Semana 1 45
Olhando para dentro
Semana 2 105
Mãos à obra
Semana 3 175
Olhando para a frente

Conclusão — O quanto a gente erra 229

Se você tiver interesse 235
Recursos para consulta rápida 237

Agradecimentos

À minha companheira, Anne, pela parceria no projeto de vida mais incrível que já fizemos: criar quatro filhos.

Aos meus filhos, Dante, Gael, Maya e Cora, por revolucionarem a minha vida através do afeto.

Introdução

Estou exausto. Não aguento mais, só quero que o dia acabe. Não queria perder o controle sempre.

Thiago, pai de quatro filhos

Começo escrevendo este livro com uma certeza: você já pensou (ou até falou) o que está ali na epígrafe. E eu poderia colocar qualquer nome como autor da frase: Anne, Tadeu, Luiza, Victor, Mariana, ou mesmo Enzo — imagino que os Enzos já tenham idade para ter filhos hoje, não?

Se existe uma sensação bastante comum entre nós, que temos filhos, é a exaustão. Se você é mãe, é quase certo que se sinta dessa forma, com maior ou menor frequência. Se você é pai, mas aquele pai que chega junto mesmo, que entende que seu papel é de cuidador, e não de ajudante de mãe, também sente isso.

A propósito, acho que vale me apresentar, né? Meu nome é Thiago, eu sou pai de quatro crianças: Dante, Gael, Maya e Cora. Até o momento da escrita deste livro, elas têm onze, nove, cinco e dois anos, respectivamente. Assim que o Dante nasceu, comecei a estudar e escrever muito sobre minhas experiências e sobre o que eu aprendia no meu site Paizinho, Vírgula (https://paizinhovirgula.com). A coisa evoluiu e virou canal do YouTube, alguns podcasts, livros e daí em diante. Atualmente estou fazendo uma nova formação em psicanálise porque, para mim, este foi o caminho natural depois de me envolver tanto com os temas relacionados à infância e à parentalidade. Mas o que me define mais mesmo é ser pai.

Criar filhos já é algo que nos demanda e exaure naturalmente, seja do ponto de vista físico, emocional ou mental. O trabalho de cuidar é extremamente pesado, por mais que muitas pessoas não entendam isso como trabalho. A propósito, pessoas que não consideram criar filhos um trabalho só pensam assim porque nunca tiveram que lidar com crianças. Basta um dia inteiro sozinho com uma delas para reconhecer isso, então fica aqui lançado o desafio.

Para além de trocas de fraldas, banhos, almoços e sonecas, estar disponível emocionalmente para ajudar nossos filhos a regularem suas emoções é algo que nos drena. Se você tem mais de um, então, as demandas por mediar conflitos ou ajudá-los a se resolver sozinhos exigem ainda mais.

Não à toa meu melhor companheiro de parentalidade é o café, mas eu me recuso a aceitar que a exaustão seja um parâmetro de medida de uma criação bem-sucedida, porque não é. A exaustão é apenas um reflexo de como nos organizamos hoje como sociedade: com familiares — que poderiam ser nossa rede de apoio — cada vez mais distantes de nós e empregos que demandam cada vez mais horas presenciais de trabalho.

O perigo é que quando nos sentimos exaustos podemos ser levados para lugares equivocados, como a glamourização do cansaço. Como diria Brené Brown: "Temos que nos livrar da exaustão, da sobrecarga e da produtividade como símbolos de status e medida do nosso valor". Estar cansado não é medida de filhos bem-criados, é medida de pais sobrecarregados.

A canseira, além de tudo, também nos leva a errar mais. Estamos constantemente impacientes, no limite, e perdemos o controle com os nossos filhos todos os dias. Gritamos, ameaçamos, fazemos coisas que todos os dias prometemos que nunca mais faríamos... e continuamos a fazer.

Com isso vem ela, uma velha conhecida de quem cria filhos: a culpa. Há um ciclo vicioso que vem de estarmos sobrecarregados, exaustos, esgotados emocionalmente para nos sentirmos culpados por errar e, em última instância, por estarmos acabados.

Então façamos aqui um acordo, já nesta introdução: da mesma forma que exaustão não é medida de filhos bem-criados, não é culpa que deveríamos sentir. Leia com atenção estas palavras: você não erra porque é uma mãe ou um pai horrível, que não "serve" para esse trabalho. Você erra porque está exausto e sobrecarregado. Uma sociedade que se organiza de forma que uma só pessoa (frequentemente a mãe) seja a única responsável pela criação de um (ou mais) ser humano não é uma sociedade justa. E você não deve se culpar por isso.

— Ah, mas é muito fácil falar para não sentir culpa!

Eu sei, eu mesmo continuo me sentindo culpado quando me atraso para levar as crianças à escola, mas, se estamos minimamente conscientes de que damos o nosso melhor, as coisas tendem a ficar mais leves. Ao longo deste livro vamos explorar outras formas de entender esses problemas. Espero que, quando chegar ao final, você tenha novas ferramentas para lidar com tudo isso.

Contudo, para se somar às cargas que já possuímos — em especial para as mães, que são muito mais cobradas do que os pais —, há também um parâmetro que pode se tornar bastante cruel: a forma de criar filhos.

São centenas de maneiras diferentes de criar um filho, desde os primeiros anos de vida. Centenas de livros que todo pai e toda mãe "deveriam" ler. Teorias que pais e mães "deveriam" estudar. Evidências científicas que "precisam" conhecer.

Vamos combinar, jamais conseguiríamos ler todos os livros que "deveríamos" ler. A expectativa que foi criada, de que todos os pais e mães precisam estudar para criar os filhos, é bastante opressora e costuma levar apenas a um lugar: culpa.

Por outro lado, o que se oferece em todos os métodos vendidos nos livros é ainda mais curioso: filhos felizes. Eu sempre me questionei a esse respeito, sobre como se deve pesar a expectativa de criar filhos felizes, porque, afinal, é uma expectativa irreal.

Felicidade é um estado geral no qual você se encontra, dependendo muito de onde vive, como vive e muitas outras variáveis que pais e mães jamais poderão controlar. Além disso, é também uma cobrança imensa para os nossos filhos, porque, se os pais fizerem tudo conforme os livros, então a obrigação dos filhos é serem felizes para todo o sempre, o que não desejo para os filhos de ninguém, muito menos para os meus.

Essa eterna busca de criar filhos perfeitos também é uma eterna busca para sermos pais e mães perfeitos, e se torna um grande amplificador para a exaustão que sentimos porque não nos deixa espaço para o erro. Para sermos humanos.

Então, a minha intenção aqui é um pouquinho diferente.

Este livro é resultado de um desejo antigo que eu tenho de ajudar você a estabelecer uma relação mais equilibrada com os seus filhos — e consigo mesmo. Não vou dar aqui uma solução mágica para criar filhos felizes (até porque é impossível ser feliz o tempo todo) ou bem-sucedidos, com cérebros desenvolvidos de forma perfeitamente compatível com os últimos estudos da neurociência.

Não existe "a forma correta" de criar filhos.

Por isso quero propor uma jornada que faremos juntos, mergulhando em nós mesmos e na relação que temos com os nossos filhos. Serão 21 dias em que estaremos juntos e que mudarão a sua forma de enxergar a relação entre pais e filhos.

Os 21 dias estão divididos em três semanas temáticas. Cada semana terá uma proposta geral, que será esmiuçada ao longo dos sete dias. Para você já ir entendendo um pouco mais do plano, descrevo brevemente a seguir.

- *Semana 1. Olhando para dentro*: tire esses dias para se concentrar em criar mais consciência sobre a sua rotina com os filhos, mapear suas expectativas e buscar um entendimento maior sobre o momento em que eles estão. Pense nesta semana como uma preparação para correr a maratona mais importante da sua vida.

- *Semana 2. Mãos à obra*: já que na semana passada você se preparou para a maratona, chegou a hora de correr! É a semana em que arregaçamos as mangas e trabalhamos com as ferramentas de disciplina positiva, criação com apego, neurociência, comunicação não violenta e todas as outras atividades que o ajudarão a vivenciar na prática o que funciona e o que não funciona para você e sua família.

- *Semana 3. Olhando para a frente*: depois de uma maratona intensa, chegou o momento de parar e observar os resultados. Entender o que funcionou e o que não funcionou. Fazer algumas mudanças na rotina e na comunicação. Encontrar mais espaços de respiro e olhar para o que desejamos fazer daqui em diante.

No fim deste livro, você vai encontrar também uma lista com o resumo do check-in diário e o roteiro de cada dia da jornada, para usar como referência rápida. Vale até tirar uma cópia e deixar na porta da geladeira, como um lembrete de como podemos viver o presente e buscar o equilíbrio (e a alegria) nas relações com os nossos filhos.

Aqui estão, portanto, atividades e reflexões para cada dia, a fim de que você passe por essas três semanas se conhecendo mais e conhecendo mais os seus filhos. A cada dia desta jornada você encontrará uma proposta sobre o que fazer e refletir, às vezes com uma atividade que diz respeito única e exclusivamente a você, às vezes com outra que envolva diretamente seus filhos. Minha intenção é que você navegue por este livro bem devagar, um dia de cada vez, para conseguir não apenas absorver, mas também vivenciar o que foi proposto. Ao longo desses dias, você encontrará, ainda, pequenas pílulas abordando a teoria por trás de cada atividade para entender melhor por que a está realizando.

Você não vai terminar de ler este livro com um doutorado em neurociência, mas espero que termine com mais compaixão por si mesmo e por seus filhos e com estratégias às quais recorrer quando as coisas ficarem pesadas na sua relação com eles.

Vamos juntos?

O que trouxe você até aqui?

O bebê, entretanto, nunca foi mãe.
O bebê nem mesmo já foi bebê antes.

Donald Winnicott

    Ninguém nasce sabendo ser mãe, ou pai. Ora, ninguém nasce nem sabendo ser bebê. Na verdade, o bebê sozinho não existe, ele precisa de alguém para existir e entender que é um sujeito, com tempo, cuidado e afeto. É sobre isso, muito resumidamente, que Donald Winnicott, pediatra e psicanalista britânico, fala na epígrafe deste capítulo, ao contrário do que as pessoas frequentemente imaginam, situando sobretudo a mãe como essa figura quase mitológica, detentora de um instinto que lhe garante domínio absoluto da arte de criar filhos.

    A concepção de que "a mãe sabe como criar o filho" é, na verdade, uma prisão em forma de mentira. Prisão porque encerra essa mãe num lugar em que a única coisa que se espera dela é que crie filhos de forma excepcional. E também é uma mentira porque ninguém nasce sabendo criar filhos, e isso independe de gênero. Entendo que esse tipo de alegação possa causar certo espanto porque, ao nosso redor, pais, mães, avós e amigos sempre dirão que a mãe "tem um instinto" para cuidar do filho, ao passo que o pai não tem, e por isso as coisas são do jeito que são.

Nada disso é verdadeiro, porque não se nasce sabendo cuidar de um filho. Aprende-se a cuidar. O vínculo é construído — todo dia, com presença e afeto. Se, na sociedade heteronormativa patriarcal em que vivemos, é a mãe quem fica a maior parte do tempo com seu bebê, é de esperar que ela acabe aprendendo mais sobre o filho do que o pai, que não passa com ele esse tempo todo.

Agora que já combinamos que ninguém nasce sabendo criar filhos, precisamos entender então como se aprende a criar filhos, certo? E se você pensa que é neste livro que irá aprender, lamento dizer: não vai encontrar nada disso por aqui.

Não há fórmula mágica nem receita de bolo para criar filhos porque boa parte do que aprendemos é na tentativa e erro. Temos, claro, um certo instinto no cuidado com outro ser humano, mas é um instinto rudimentar, eu diria, que está escrito em nosso DNA como forma de garantir a sobrevivência da espécie.

Por exemplo, ninguém precisa lhe dizer que, se o bebê está gelado, visivelmente com frio, você precisa vestir uma roupa mais quentinha nele. Ninguém precisa lhe ensinar que, enquanto você estiver com o bebê no colo, não deve dirigir máquinas pesadas, como tratores ou caminhões de mudança. Nós simplesmente sabemos.

Da mesma forma, se você ouve o bebê chorando, ninguém precisa dizer para você ir lá, pegá-lo no colo e descobrir o que está acontecendo. Isso também é instinto de cuidado da nossa espécie (lembrando, independe de gênero). O movimento instintivo dos nossos corpos nos mostra que a tendência é irmos em direção aos nossos filhos quando estão chorando, não é verdade?

Mas tem um problema aí.

O problema é que muitas coisas que deveriam ser instintivas no que diz respeito ao cuidado básico dos bebês são difundidas pela sociedade de forma a provocar confusão, prejulgamento e descaso nesse cuidado. Ou seja, enquanto o nosso instinto nos move em direção aos nossos bebês quando choram, o resto da sociedade diz coisas do tipo:

— Não dê colo, porque ele vai ficar mal-acostumado.
— Você está mimando essa criança.
— Chorar faz bem para o pulmão.

Em algum ponto da história, a sociedade tomou um rumo muito sombrio no que se refere aos cuidados de bebês e crianças, porque agora eles são vistos como pequenos seres vis e manipuladores, enquanto nem sequer têm desenvolvimento cognitivo para planejar qualquer coisa. Tudo isso gera confusão, prejulgamento, exaustão e sentimento de culpa. Não sabemos o que decidir, e todos ao nosso redor dão palpites contraditórios. O que fazer, então? É mesmo necessário estudar para ser pai e mãe?

Continuo pensando que não, mas, para o bem da nossa própria saúde mental, quando entendemos melhor como os nossos filhos se desenvolvem e como criar vínculos seguros, nossa jornada sobre parentalidade se torna mais leve.

Você perceberá que eu junto aqui uma série de teorias diferentes, e isso é importante, porque um grande engano que costumamos cometer é achar que criar filhos é um assunto que se resolve em si mesmo. Eu poderia dizer que você precisa aprender sobre criação com apego, ou disciplina positiva, ou qualquer outra coisa, e pronto, a questão estaria resolvida. Mas pensar assim é menosprezar a importância das relações humanas e esquecer que elas são vias de mão dupla, ou seja, você também precisa olhar constantemente para você. Este livro reúne tudo o que eu consegui desenvolver durante anos com meus filhos e minha esposa, mas também com as centenas de milhares de mães e pais que me acompanham, me mandam perguntas, pedem socorro ao longo de todo esse tempo. Enfim, um misturado de tudo, porque a vida é assim: um misturado de tudo.

Uma das maiores razões que me levaram a escrever este livro foi porque eu gostaria muito que, além de inspirar e dar informações importantes, ele servisse de guia para um mergulho na sua parentalidade. Esta é uma jornada que construí para você seguir durante 21 dias e que representa não apenas esse mergulho na condição de ser pai/mãe, mas, em última instância, em si mesmo. Nessa imersão, você terá a oportunidade de passar por um apanhado de diversas disciplinas que compreendem as formas de nos ligarmos afetivamente aos nossos filhos, a quem nos rodeia e a nós mesmos:

- Criação com apego;

- Disciplina positiva;

- Comunicação não violenta;

- Mindfulness;

- Neurociência.

Todos esses assuntos se interconectam. As próximas páginas tratarão esses temas de forma integrada, leve e introdutória. Lembre-se de que a intenção aqui é encontrar o equilíbrio e a alegria de criar filhos. Se ficarmos muito presos a teorias, ao que "devemos fazer", inevitavelmente acabaremos nos julgando, frustrando e culpando por tudo o que não conseguimos fazer. Eu sei disso porque já estive nesse lugar inúmeras vezes na minha vida de pai, e já vi inúmeras mães e pais nesse mesmo lugar quando me pediam auxílio pelas redes sociais.

Isso costuma acontecer quando entramos no modo automático, cuidando apenas da rotina e das demandas, como se criar filhos fosse apenas isso: tarefas. E não é. É muito mais. E pode ser prazeroso também, viu? Pode apostar.

Quando pensamos na parentalidade como algo mecânico, que se resume a executar tarefas, nos desligamos de nós mesmos. Paramos de sentir, de ouvir, de ser, e passamos apenas a fazer. Esquecemos que, para nos conectarmos aos nossos filhos, primeiro precisamos estar conectados a nós mesmos.

Nesse sentido, pensar em nós, os adultos cuidadores, pais e mães, também é pensar nas crianças. Você desacordado não será de grande serventia para o seu filho. Então pare, respire, peça ajuda, saia do automático.

Com este livro eu espero que você consiga reencontrar o equilíbrio e a alegria de estar com seus filhos porque também parou para cuidar de você. Juntos, entenderemos que criar filhos muitas vezes diz mais respeito a nós do que a eles, e perceberemos que estar presente é muito mais do que estar presente para os nossos filhos: é estar presente para nós mesmos.

Há quanto tempo você tem andado ausente para si mesmo?

O INÍCIO DA JORNADA

> *Comecei a enxergar as coisas com um olhar mais amoroso e empático, não só para os outros (filhas e marido), como para mim mesma. Tenho novas ferramentas na bagagem e vou utilizá-las com a maior frequência possível.*
>
> Bárbara

Um dos maiores desafios que enfrentei ao longo da minha paternidade foi alinhar teoria e prática. Como bom nerd que sou, assim que o Dante nasceu, comecei a estudar e me aprofundar em todas as teorias que apareciam na minha frente, numa tentativa de encontrar a melhor forma de ser pai. Até aí tudo bem, mas acontece que eu sempre esbarrava em uma coisa: a vida real.

Já cansei de ler nos livros sobre a quantidade de horas de sono que meus filhos deveriam ter, ou a quantidade de interações significativas que eu deveria ter com os meus filhos, ou até mesmo a quantidade de atividades lúdicas que eles deveriam fazer para se desenvolverem da melhor forma possível. O problema é que não somos robôs. Tem o trabalho, tem as demandas da casa, as demandas dos nossos parceiros e parceiras, as nossas próprias demandas.

Isso me assombrou por muito tempo, porque tudo o que eu lia e achava fascinante para pôr em prática com os meus filhos era soterrado pela realidade. Houve até uma época em que eu lia sobre quantas horas de sono eu deveria dormir para ter uma vida saudável. Claro, não há dúvida de que as pessoas adultas que dormem menos de oito horas por dia podem desenvolver alguns problemas de saúde. A questão é que, aparentemente, os meus filhos não receberam esse memorando. Como dizer para um bebê que eu deveria estar na cama às dez da noite? E que não poderia ser interrompido na minha noite de sono? E como essa falta de sono impactou o meu próprio equilíbrio ao longo dos dias, semanas, meses?

Foi então que consegui esclarecer algo que me trouxe bastante alívio: só num mundo perfeito as necessidades de todos os membros de uma família são atendidas durante cem por cento do tempo. Mas não vivemos nesse mundo perfeito, e ninguém terá suas necessidades atendidas o tempo inteiro. Nem eu, nem você, nem os nossos filhos. Isso faz parte da experiência humana, e o importante é tentar equilibrar os pratinhos.

Esse passou a ser o meu mantra e também um guia para as pequenas atividades e ferramentas que comecei a pôr em prática e a usar a cada dia, com calma, sem pressa e sem desespero, lembrando-me da minha própria humanidade. Foi esse processo, inclusive, que me levou a elaborar a jornada que proponho aqui como um esforço para encontrar o meu próprio equilíbrio.

Assim, antes de começarmos, quero combinar algumas coisas com você, que está prestes a mergulhar nessa aventura. A primeira é que tudo isso que você vai ler a seguir deve ser enxergado como um guia gentil, uma sugestão que irá acompanhá-lo ao longo dos próximos dias, e que você pode decidir utilizar da melhor forma possível.

Minha intenção é que você leia e vivencie as atividades do livro aos poucos, porque sei bem como é quando terminamos de ler um livro imenso e, por mais que tenha sido uma leitura maravilhosa, acabamos nos sentindo perdidos, sem saber nem por onde começar.

A ordem utilizada para os dias e semanas faz sentido dentro de uma experiência, com o objetivo de apresentar novas vivências e perspectivas sobre como as nossas relações com os nossos filhos (e com nós mesmos) podem ser mais equilibradas e prazerosas. Entretanto, isso não é uma regra, e sim uma sugestão.

A partir deste momento, a jornada é sua também, e você pode segui-la da melhor forma, seja selecionando alguns dias apenas, acompanhando as tarefas de forma alternada, ou até mesmo montando o seu próprio calendário com a ordem que mais fizer sentido para você. A única coisa que eu peço verdadeiramente é: calma! Não tente ler o livro todo de uma vez e pôr tudo em prática ao mesmo tempo. Isso só trará frustração e mais culpa, confie em mim. Respire, tente fazer um pouquinho de cada vez. Nada é tão urgente que não possa esperar um dia de cada vez. Lembre-se de que não estamos tentando criar filhos perfeitos, muito menos livrar nossos filhos de todos os traumas do mundo, porque isso é impossível. Na melhor das hipóteses, eles terão outros traumas diferentes dos que tivemos, e essas marcas serão também o que define suas personalidades e histórias de vida.

Recomendo que você leia as tarefas no dia anterior para iniciar o dia seguinte sabendo o que vai precisar fazer. Espero que, mesmo após terminar a primeira imersão de 21 dias, você volte muitas vezes para novas incursões. Tenho certeza de que serão experiências diferentes, cada vez mais aprofundadas.

Sugiro também que você reserve um lugar para anotações (agenda, caderno, papéis soltos) em que possa registrar informações a cada dia. A única coisa que eu gostaria de pedir é que evite ao máximo fazer os registros do diário em um dispositivo eletrônico, como celular ou tablet. Lembre-se de que o nosso objetivo é estarmos mais presentes — para os nossos filhos e para nós mesmos —, e isso significa dar tempo às coisas, inclusive para tomar notas. É parte fundamental desse processo que tenhamos contato novamente com a nossa própria escrita, com o tempo que se leva para escrever à mão e, sobretudo, com os nossos próprios pensamentos enquanto os registramos.

É importante saber igualmente que, antes de você passar por aqui, muitos pais e mães já realizaram essa jornada que você está prestes a iniciar. Durante esse tempo, eu estava junto com esses pais, transitando pela atividade diária, recebendo os relatos e entendendo como as atividades contribuíram para a vida de cada uma das famílias. Esses pais gentilmente colaboraram trazendo seus relatos. Então, sempre que você ler uma citação, será de um pai ou mãe que já participou desse processo, como uma forma de incentivar você a continuar caminhando e buscando uma relação mais empática e equilibrada com os seus filhos e consigo mesmo.

Entre os inúmeros comentários que recebi dos pais e mães desses grupos de foco, uma sugestão se destacou bastante: como tudo na vida, essa jornada é mais bem trilhada se você tiver a companhia de alguém. Se puder percorrer os 21 dias com seu companheiro ou companheira, os resultados serão ainda mais transformadores, e vocês poderão se ajudar sempre que alguém estiver com maior dificuldade em determinados dias. Caso não seja possível, tente convidar um amigo ou amiga para participar com você, mesmo que seja virtualmente. Ter alguém com quem comentar as tarefas, como foi o decorrer de cada dia, quais foram os maiores desafios ou as partes mais gratificantes, tudo torna a experiência muito mais transformadora. Utilize isso ao seu favor!

E um aviso final: a jornada não será fácil. Pode parecer que sim durante a leitura, mas, a partir do momento em que você iniciar a caminhada, logo perceberá que é difícil. É até trabalhosa, porque não há mudança efetiva sem trabalho ativo.

Mas não se assuste, você não está só.

O check-in diário

> *Esse compromisso de olhar para mim todos os dias foi fundamental para esse processo que estou vivendo, de conhecer essa nova mulher que nasceu e que tem muitas responsabilidades a mais. É um processo que está apenas no começo, eu sei, mas acredito que serei capaz de ter mais paciência comigo e de encontrar o meu tempo.*
>
> Marta

Faço aqui um convite importante: o check-in diário. Ele é tão importante quanto seguir cada um dos outros 21 dias. Inclusive, muitas pessoas que participaram dos grupos de foco decidiram manter essa rotina do check-in diário mesmo depois de concluir a Jornada do Afeto.

Entenda essa rotina como um hábito de autocuidado. A rotina de *inner care*, ou cuidado interior, não precisa de produtos caros. Só precisa de você mesmo e, no máximo, um espelho para você se olhar.

O check-in é algo para se levar para o resto da vida, um lembrete para nós mesmos, para nos dizermos diariamente: você é importante. É difícil, não se engane. Lendo assim desse jeito parece mesmo que é fácil, até você começar a adotar a rotina, e isso acontece porque crescemos numa sociedade que não ensina as crianças a se amarem, em que todos ao nosso redor apontam dedos para os nossos erros e defeitos. O check-in diário é também um processo de reconhecer o nosso próprio valor, e — até conseguirmos engatar nesse hábito de *inner care* — é comum depararmos com alguns obstáculos impostos por nós mesmos, ainda que de modo inconsciente.

O check-in diário são quatro perguntas-guia para autorreflexão que se propõem a provocar um sentimento de autocompaixão e de valorização do que estamos fazendo, sem se concentrar em culpa ou outros sentimentos paralisantes. Tem também a intenção de ajudar você a encontrar um equilíbrio através da meditação, mas uma meditação simples, que eu chamo carinhosamente de meditação para quem tem filhos.

Por isso, ao longo dos próximos 21 dias, esse será seu compromisso com você mesmo, seguindo as cinco etapas do check-in diário.

- Como me sinto agora?
- Como foi o dia de ontem?
- Em que aspecto preciso de autocompaixão?
- Qual é o meu desafio do dia?
- Meditação para quem tem filhos.

Depois de experimentar bastante e observar a resposta de todos os pais e mães dos grupos de foco, ficou evidente que o ideal seria você fazer o check-in pela manhã, assim que acordar. Mas calma, não se desespere, porque aqui não trabalhamos com o ideal, e sim com o real.

De que adianta eu pedir que você faça o check-in diário pela manhã se esse é justamente o momento mais caótico da sua rotina? Em vez de ajudar, eu estaria criando apenas mais uma demanda para você conciliar em um momento difícil, trazendo mais um fator para que você acabe perdendo o controle com o seu filho.

Posso falar disso com propriedade, porque as minhas manhãs são as mais caóticas possíveis. Os meus filhos estudam de manhã, então minha rotina é basicamente correr para acordar as crianças e levar logo a Maya, que está desfraldando, ao banheiro, antes que algum acidente aconteça. Enquanto isso, nos apressamos para agilizar as lancheiras, fazendo o possível para que as crianças não gritem e não acordem a Anne e a Cora — que, quando escrevo este livro, ainda é um bebê. Mal tenho tempo para lavar o rosto e escovar os dentes, que dirá fazer meu check-in diário. Eu poderia acordar mais cedo para isso? Poderia, mas lembrem-se de que eu tenho a Cora. Você já deve saber como são as noites de quem tem um bebê em casa. Então para mim, nesse momento, o que me ajuda é tentar dormir um pouco mais, e o check-in diário fica para a noite mesmo.

Você decide o melhor momento, mas precisa ter o compromisso de fazer o check-in em alguma hora do dia, mesmo que o divida em dois (e até mais pedaços), como alguns pais fizeram, cumprindo a maior parte de manhã e deixando a meditação para a noite.

Sugiro que, no check-in, você utilize o diário. Pode parecer esquisito nos primeiros dias, mas logo você vai perceber a força que é escrever sobre essas perguntas e provocações com a sua própria caligrafia, em um caderninho só seu. Se mesmo assim você não conseguir fazer o check-in no diário, lembre-se de reservar um momento do dia para repassar os itens em algum local sem distrações, ou seja, sem televisão ligada, sem o celular vibrando o tempo inteiro com notificações.

Essa rotina diária, a princípio, não leva mais de quinze minutos, então faça um esforço para garantir pelo menos esse tempo para você.

Lembre-se de que tudo isso diz respeito a estar presente, a perceber a si mesmo.

Trata-se de parar para sentir.

Assim que você tiver realizado as etapas do seu check-in diário, pode seguir para a tarefa do dia. Mas agora vamos entender em detalhes o que representa cada uma dessas cinco etapas.

COMO ME SINTO AGORA?

Essa é uma pergunta difícil, porque a resposta-padrão costuma ser: "Estou bem". Mas que tal irmos além do "Estou bem"? E se pudéssemos olhar de verdade para dentro de nós e perceber nossas sensações, para além das emoções? A verdade é que nós também não fomos ensinados a nos conectar verdadeiramente com os outros, nem conosco.

E nada de responder "Me sinto cansado". Porque, se você está lendo este livro, imagino que esta seja mesmo uma sensação constante. Tente ir mais fundo, passe pelo "Estou bem" e pelo "Estou cansado".

Faça uma varredura sobre como você está realmente se sentindo. Uma leve tensão no pescoço? O ar está mais pesado para respirar? Está na expectativa de alguma coisa que deve acontecer? Ou frustrado porque algo não saiu como você planejava? Triste? Sozinho? Animado? Completamente irritado? Furioso? Contente?

É mais ou menos por aí. Tente explorar suas sensações e emoções, escreva isso no seu diário e vamos para a próxima pergunta.

COMO FOI O DIA DE ONTEM?

Esse é o momento de avaliar o que aconteceu ontem (caso você esteja fazendo o check-in pela manhã), ou o que aconteceu hoje (caso seu check-in seja à noite). Lembre-se dos acontecimentos, de como foi sua rotina — ou como não foi sua rotina.

Você pode recordar as coisas que deram errado, mas não se apegue muito a elas. Lembre-se das coisas que deram certo. Será que você conseguiu fazer as atividades do dia anterior? E o desafio diário? Você conseguiu também superá-lo, ou não? Esse é o momento em que você tenta avaliar se o desafio do dia anterior foi complexo demais, ou se o dia simplesmente desandou porque os dias de quem tem filhos desandam sem mais nem menos (e o aprendizado é: como conseguiremos lidar com isso).

Agora, ressalte o fato mais importante de tudo isso sobre o que você refletiu e anote também no diário. Pode ser um fato positivo ou negativo, não importa, desde que seja o mais importante para você.

Ao longo dos dias e semanas, essa parte do check-in diário assume uma nova importância, que é observar que tipo de acontecimento você tem anotado como o mais relevante de cada dia. Será que tem registrado quase sempre os fatos negativos, na maior parte do tempo? Se a resposta for sim, cabe uma reflexão geral sobre esse aspecto, porque isso não é necessariamente um problema seu, mas da sociedade como um todo.

Nós crescemos e aprendemos que precisamos valorizar aquilo que é negativo. Se vamos contar para alguém algo bom que aconteceu em nossas vidas, sempre precisamos "contrapor" dizendo algo negativo, quase que um jeito desesperado de falar: "Olha, mas não está tudo tão bem assim não!".

Portanto, se você perceber que esse tem sido um padrão nas suas anotações, busque reconhecer e valorizar mais as coisas positivas que acontecem também. Isso nos leva direto ao próximo item do check-in.

EM QUE ASPECTO PRECISO DE MAIS AUTOCOMPAIXÃO?

Essa talvez seja a parte mais desafiadora do check-in diário, vou ser honesto com você. Reconhecer e ter compaixão para comigo mesmo, no exercício da minha paternidade, ainda é a parte mais difícil.

Por isso, lembre-se de que a mudança começa aqui dentro. É impossível ensinar nossos filhos a se amarem, se cuidarem, se respeitarem se nós mesmos não fizermos isso, se, ao contrário, nossos filhos apenas nos veem julgando e dizendo coisas negativas sobre nós.

Então vamos lá, vou sugerir um diálogo seu com você inspirado em um diálogo que já tive comigo mesmo, para você entender como funciona essa parte na prática.

— E aí, Thiago, hoje foi barra-pesada, hein?

— Pois é...
— Eu sei que você está se sentindo o pai mais lixão do mundo porque gritou com os seus filhos. Gritou tão alto que eles choraram. Você perdeu o controle.
— ...
— Isso aconteceu à noite, quando você estava preocupado com tantas coisas do trabalho para fazer e tentando correr com a rotina da noite, né?
— Sim...
— Mas veja, você é esse pai que perde o controle e grita quando está sobrecarregado. Mas você também é o pai que acorda eles todos os dias com um beijo e um abraço. Você conseguiu acolher a Maya quando ela deu aquele chilique na saída da escola. Ela não queria ir embora de jeito nenhum, e você conseguiu oferecer colo, abraço, até ela se acalmar.
— Verdade, né?
— Você também ajudou o Dante e o Gael em uma disputa sobre figurinhas da Copa, no carro, enquanto voltavam para casa. Você conseguiu fazer com que um ouvisse o outro, e um perdoasse o outro.
— Teve isso também.
— Você é um bom pai, não tenha dúvida disso. Seus filhos não têm dúvida disso. Mas você também é humano, e vai perder o controle algumas vezes. Você não é perfeito, e que bom que seus filhos também não têm dúvida quanto a isso.
— Mas é difícil, né?
— Nunca foi nem vai ser fácil. Mas a gente segue. Acertando, errando, reparando. E se desculpando. Vamos?
— Vamos.
Eu lembro como essa conversa foi forte para mim. Chorei bastante nesse dia, e choro de novo ao transcrevê-la aqui

neste livro. Mas eu tenho certeza de que, eventualmente, com prática, você terá esse momento também.

Chore, não represe seus sentimentos.

Só não bata mais em você, a sociedade já faz isso muito mais do que deveria.

UM DIA DE CADA VEZ

Prefiro usar o verbo "reduzir" em vez de "resolver" ou "acabar". Lembre-se de que, aqui, trabalhamos com o real e com o possível, e não adianta nada você se olhar num espelho e dizer coisas como:

— Eu nunca mais vou gritar com o meu filho.
— Eu vou acolher todas as demandas da minha filha.
— Não vou mais encostar no celular enquanto meu filho estiver acordado.

Sabe o que essas afirmações têm em comum? São todas falsas. E além disso contribuem para gerar ansiedade, frustração e, em última instância, culpa.

Vamos combinar: se você fala para você mesmo, na frente do espelho, que nunca mais vai gritar com o seu filho, é capaz de o seu reflexo rir de você. E não digo isso para desencorajar, mas para ser realista. Não somos perfeitos, e o controle sobre o grito está além do nosso simples desejo, porque envolve uma série de fatores, como sobrecarga, noites de sono mal (ou não) dormidas, problemas no trabalho, falta de rede de apoio e muito mais.

Por isso, a proposta para essa parte do nosso check-in diário é termos um desafio que nos leve a reduzir em nós mesmos algum comportamento que gostaríamos de abrandar. Essa tarefa vai ficar passeando pela sua mente

> ao longo do dia, lembrando algo importante que você gostaria de melhorar hoje. Mas melhorar, não resolver. E hoje, não para sempre.

O DESAFIO DO DIA

Considerando tudo aquilo que você já pensou sobre como foi o dia anterior e como você está se sentindo, passando por uma bela pitada de autocompaixão, é a hora de pensar em algo em que você gostaria de trabalhar hoje.

Se, por exemplo, você gritou ontem na hora do banho, ou não conseguiu acolher seu filho do jeito que gostaria na saída da escola, ou foi sarcástico com alguma pergunta que sua filha fez, esse é o momento de encontrar algum ponto cuja intensidade você gostaria de tentar reduzir.

— Eu gostaria de evitar ao máximo gritar com meu filho hoje.

— Hoje vou tentar ficar mais atento às demandas da minha filha, e buscar acolhê-las da melhor forma possível.

— Vou tentar hoje, depois do almoço, deixar o celular uma horinha desligado, para ficar com meu filho sem distrações.

Essas já seriam algumas sugestões de desafios diários, mas lembre-se de que é você quem define esses desafios a cada dia, e eles podem ser os mesmos ou outros. Porém, se durante os primeiros dias da Jornada do Afeto você ainda não estiver com muita criatividade nos desafios, aqui vai mais uma sugestão:

— Hoje, eu vou tentar pedir (e aceitar) mais ajuda.

MEDITAÇÃO

Preciso ser honesto com você: sempre torci o nariz para meditação. Achava que era um tédio, que não funcionava para mim, que eu não tinha tempo para aquilo, e dizia que não meditava porque nunca tive a pretensão de ser um guru zen.

— Meditação? Para quê? Eu nem consigo ficar sentado no chão sem sentir dor no corpo em dez lugares diferentes!

Eu achava que a meditação não iria me ajudar a resolver as tretas da vida, muito menos pagar os meus boletos, por isso não prestaria para nada. Bem, não preciso dizer o quanto eu estava errado, né? E só percebi isso justamente na primeira vez em que meditei — sem saber que estava meditando.

Era um dia particularmente difícil, eu já tinha me irritado com os meus filhos, que não paravam de brigar por causa de pecinhas de Lego. Estava num daqueles dias em que tudo já me deixava irritado, com a cara emburrada, mesmo que não estivesse particularmente bravo... naquele segundo.

Só percebi isso quando o Dante me perguntou:

— Pai, você tá irritado, né?

— Hã, eu? Não, por quê?

— Porque você tá com uma cara de bravo.

Foi então que eu reparei que, mesmo sem nenhum problema naquela hora, a expressão de raiva estava cravada na minha testa: eu tinha o cenho tão franzido que parecia que eu tinha nascido daquele jeito. Foi o tranco que precisei levar para decidir que eu precisava tomar uma providência.

Naquela noite, depois que as crianças dormiram, resolvi fazer algo diferente: fui para o quartinho onde eu gravo os meus vídeos do canal e deixei câmeras e luzes apagadas. Sentei na cadeira e fiquei lá, de olhos parados, respirando e tentando me acalmar. Coloquei o alarme do celular para dali a cinco minutos e pronto, foi uma das experiências mais profundas e incríveis da minha vida.

Perceba: eu não acreditava naquilo e a princípio nem sabia que o que eu tinha acabado de fazer era, de fato, uma forma de meditação. Mas foi maravilhoso: eu saí mais leve, com a mente funcionando de modo mais ritmado, parecia que eu tinha colocado óculos e enxergava tudo com maior clareza. Só depois fui aprender que isso era, na verdade, "clareza da mente".

A partir desse dia, comecei a pesquisar mais, a estudar sobre mindfulness e a entender como ela pode ser útil para nós, independentemente de termos filhos ou não. E se você está torcendo seu nariz aí para as palavras meditação e mindfulness, eu entendo você, eu já estive aí. É difícil acreditar mesmo que algo tão simples possa ter um impacto tão profundo em nossas vidas.

Mindfulness pode parecer complexo. E, dependendo do quanto você se dedica aos estudos e práticas, é mesmo complexo. Porém, de forma bastante resumida e introdutória, nada mais é do que estar presente. Viver o momento presente, estar consciente e atento ao que está acontecendo agora com você e ao seu redor. Desacelerar a vida.

Meditar é uma das formas de chegar a esse lugar. Depois de sentir em mim mesmo os benefícios, fiz dela uma rotina, que é a rotina que eu gostaria que você também adotasse no seu check-in diário. A meditação é uma das práticas mais antigas da humanidade, mas, no contexto do que estamos buscando nesta jornada, será uma das suas maiores aliadas. Ela ajudará a limpar sua mente dos pensamentos que a deixam nublada.

Há muito preconceito relativo à meditação, ainda mais na sociedade em que vivemos, onde tudo precisa ser rápido e até imediato. Hoje consumimos conteúdo na internet de maneira acelerada: séries, podcasts e até áudios de WhatsApp são reproduzidos de 1,5 a duas vezes mais rápido que o normal. E se a vida acontece na velocidade 1, é de esperar que fiquemos mais e mais ansiosos com tudo o que nos rodeia.

Portanto, o simples ato de parar e fechar os olhos e respirar, para muitos, é uma enorme perda de tempo que não traz benefício algum. Mas garanto a você que, assim que começar a experimentar alguns minutos de meditação todos os dias, será impossível não sentir os benefícios, assim como eu senti.

O nosso objetivo aqui é apresentar o básico da meditação, de olho no que a prática do mindfulness nos diz, ou, como eu gosto de chamar: meditação para quem tem filhos. Não é minha intenção formar os maiores mestres meditadores de todos os tempos, até porque esse não é o foco deste livro, mas espero que você consiga sentir como a meditação pode ajudar a ter pensamentos mais organizados e, principalmente, como ela contribui para você desenvolver uma atenção mais plena sobre si mesmo.

Idealmente, a meditação deveria ser sua primeira atividade ao acordar, com ênfase em "deveria". Antes mesmo de pegar o telefone (aliás, isso deveria ser a última coisa a fazer quando acordamos) ou de tomar o café da manhã. Mas aqui trabalhamos com o que é possível, e eu, como pai de quatro filhos, sei muito bem que, na maioria das vezes, não temos tempo de acordar e meditar. Fico pensando em como seria a minha rotina tentando meditar enquanto as crianças brigam por causa dos cereais ou brincam de pique-pega. Haja poder meditativo!

Seria esse o fim da meditação? Claro que não! Isso não significa que você deve ignorar essa etapa tão importante da rotina diária de autocuidado. Se não é possível fazer o ideal, façamos o real: medite à noite, antes de dormir. Qualquer meditação é melhor que nenhuma meditação. Você pode, inclusive, responder às perguntas do seu check-in diário pela manhã e meditar só à noite. É exatamente assim que tem funcionado comigo, diga-se de passagem.

PREPARANDO-SE PARA MEDITAR

Agora que entendemos os momentos possíveis do dia para meditar, passemos ao local: é importante que você encontre um lugar tranquilo, sem ruídos, luzes fortes ou distrações. Pode ser uma sala silenciosa ou até o seu próprio quarto, desde que seja confortável para você.

Pode se sentar no chão, de pernas cruzadas, repousando as mãos uma em cima da outra, em forma de concha, sobre o colo e com a coluna ereta, ou o mais ereta possível. Se não for confortável, pode se sentar em uma cadeira de forma que consiga firmar as plantas dos pés no chão enquanto repousa as mãos em concha sobre o colo. Preste atenção à postura da coluna e dos ombros: mesmo que esteja sentado na cadeira, não se apoie no encosto. Aliás, é exatamente assim que eu faço.

Se essas posturas forem desconfortáveis para você, há sempre a possibilidade de meditar deitado, embora não seja o ideal. Se for o caso, pode ser na sua cama mesmo, sem apoio do travesseiro para a cabeça, de barriga para cima, com os braços esticados ao lado do corpo e as palmas das mãos viradas para baixo, as pernas esticadas, sem se cruzarem. Novamente, não force a postura, tente ficar o mais confortável possível.

Agora vamos para a parte mais importante: o que fazer durante a meditação. Existem muitas técnicas diferentes, mas, como estamos procurando algo mais simples e introdutório, vou apresentar duas que me ajudam bastante: o foco na respiração e o escaneamento corporal.

Preparado? Então ligue um cronômetro (pode ser o celular ou algum relógio perto de você), inicialmente para cinco minutos. Sim, é rapidinho mesmo! Cinco minutos para começar a meditar. Com o passar dos dias, você pode ir sentindo como prolongar esse tempo para dez, quinze e até trinta minutos. Ouça seu corpo. Essa é a chave para estender o tempo, mas também a chave para quase tudo na vida. E uma última dica: se puder controlar o tipo de toque e o volume do cronômetro, escolha algo baixo e suave, para que a meditação não termine de forma abrupta.

FOCO NA RESPIRAÇÃO

Agora que você está em uma posição confortável, seja deitado ou sentado, feche os olhos.

Comece a perceber sua respiração. Volte toda a sua atenção para ela. Note como você inspira e note como você expira. Perceba aquele momento único em que você para de inspirar para começar a expirar: é como se você estivesse chegando no topo de uma montanha-russa, prestes a descer, só que sem toda a adrenalina envolvida.

Note como o seu corpo todo se movimenta durante a respiração; como, por exemplo, o peito e a barriga se movem. Ouça o som da sua respiração. É alta? É baixa? Perceba também o ritmo em que você está respirando. É uma respiração mais lenta e prolongada? Ou mais rápida e curta?

Como o ar está entrando e saindo do seu corpo? De forma tranquila ou mais vigorosa?

Lembre-se de que meditar é uma atividade que diz respeito a perceber, não a controlar. Você não precisa se preocupar com a forma correta de meditar, porque isso não existe. Muito menos a forma correta de respirar. Apenas note como está respirando.

Você também não precisa esvaziar totalmente a mente, então não tente controlar seus pensamentos. Tentar controlar os pensamentos é como tentar controlar uma criança de dois anos: só gera raiva e frustração.

Como você vai concentrar sua atenção na respiração, é provável que pense menos em outras coisas, mas às vezes sua mente vai mesmo passear por aí, como uma criança de dois anos. Portanto, aja como deveríamos fazer com uma criança de dois anos: conduzindo-a pela mão com gentileza de volta ao foco.

Se você estiver com dificuldade de se concentrar na respiração, contar às vezes ajuda muito, como já me ajudou no começo. Encontre a forma que for melhor para você:

- 1 (inspirando), 2 (expirando), 1 (inspirando), 2 (expirando), 1 (inspirando), 2 (expirando)...

- 1, 2, 3, 4 (inspirando); 1, 2, 3, 4 (expirando); 1, 2, 3, 4 (inspirando); 1, 2, 3, 4 (expirando)...

Faça esse exercício durante o tempo programado e pronto, meditação concluída!

CONSIDERAÇÕES FINAIS SOBRE MEDITAÇÃO PARA QUEM TEM FILHOS

Há inúmeras formas de meditar, mas eu quero apenas que você se lembre de que a ideia é meditar da forma possível, da forma que fariam as pessoas que têm filhos. Isso é muito importante, porque eu mesmo já me frustrei bastante tentando seguir programas mais rígidos, até que me dei conta de que meditar do jeito que dá é melhor do que não meditar nada.

Se você consegue se concentrar só por cinco minutos, excelente. Se sua mente adora dar uma passeada por aí durante a meditação, tudo bem. Se você começa a sentir emoções fortes, não tem problema. Não é obrigatório esvaziar toda a mente, muito menos acertar as posições perfeitas. É apenas uma questão de conseguir um tempo para você mesmo dentro da rotina caótica de quem tem filhos.

Porém, caso esteja sentindo dificuldade, ou emoções fortes demais que estejam tornando o exercício doloroso, é bom procurar a ajuda de um profissional. Lembre-se de que não dá para resolver todas as nossas questões meditando ou lendo livros, e às vezes (quase sempre) precisamos de ajuda terapêutica para lidar com as nossas próprias questões. De forma alguma isso é um demérito.

Você pode meditar com ou sem apps, com ou sem áudios-guia, em pé ou sentado. O importante é meditar — da forma que dá, pelo tempo que der. Esta é a realidade da meditação para quem tem filhos.

A jornada

Estamos prestes a começar nossa jornada. Você está pronto? Serão 21 dias mergulhando na infância — dos seus filhos e da sua — para conhecer melhor os vínculos e as relações que construímos ao longo da vida, mas principalmente para reencontrar a alegria e o equilíbrio em tudo isso.

Preciso que fique bem claro que isso não é um conjunto de regras, e você não deve se cobrar como se fosse um cursinho de pré-vestibular. Por isso, é importante conhecer os dias, as propostas para cada dia e viver o momento presente. Para começar, então, uma pequena sugestão: eu percebi, com os pais e mães que acompanhei nos grupos de foco, que a jornada se desenrolava mais suavemente quando as pessoas liam na noite anterior o que é proposto para o dia seguinte.

O importante é que a rotina seja leve, por mais que algumas reflexões e a jornada em si acabem mexendo bastante conosco durante o processo.

Semana 1
Olhando para dentro

Minhas mais calorosas boas-vindas à primeira semana da jornada! Eu não sei quanto a você, mas eu estou animadíssimo com esse início no momento em que digito estas palavras.

Você pode até pensar que vai ser uma semana tranquila, porque não há exatamente atividades para serem realizadas com seus filhos. Mas não subestime o poder do olhar para dentro. Nos próximos sete dias, daremos um mergulho profundo em nossa infância, pensaremos sobre o que temos de mais desafiador hoje, ao mesmo tempo que tentamos descobrir o que desejamos para os nossos filhos e para nós mesmos. Tudo isso com a ajuda do nosso inseparável companheiro, o diário. Ele será imprescindível durante esta semana, mas também nos demais dias.

Uma última recomendação: como todos sabemos, segundas-feiras são ótimos dias para começar novas rotinas. Então comece sua jornada na próxima segunda-feira!

Os próximos sete dias:

1. Preparando o diário;

2. Reconhecimento de terreno;

3. Olhando para trás;

4. Olhando para o hoje;

5. Olhando para o lado;

6. Avaliando o hoje com o filho;

7. O detox digital.

Vamos para o primeiro dia dessa caminhada?

DIA 1: PREPARANDO O DIÁRIO

Chegou a hora de preparar seu diário! Você pode achar que essa tarefa não tem sentido e se sentir um pouco inclinado a pular esse dia e partir logo para o dia 2. Mas tenha calma. Respire. Confie no processo.

Tudo o que está aqui tem uma razão de ser e foi validado com muitos outros pais e mães que passaram por esta jornada antes de você. Acredite, é importantíssimo que você tenha um diário para registrar suas impressões e responder a algumas atividades.

Pode ser um bloco de anotações, um maço de folhas em branco ou mesmo uma agenda: o importante é que você dedique algum tempo e carinho para preparar esse material. Você vai ver como isso lhe fará bem.

— Mas, Thiago, eu não consigo, meu filho não me deixa parar para fazer isso!

Se esse é o seu caso, então você está convidado a entrar para o célebre clube do "Faço as coisas depois que meus filhos dormem". É claro que você não terá toda a energia que tinha no começo do dia, mas é melhor do que nada e ainda vai ser um momento relaxante, pode acreditar.

— E se eu fizer esse diário no celular? Há milhares de apps para isso!

Sim, é uma possibilidade, mas eu gostaria, honestamente, que você a deixasse como o último recurso da lista. Se, para você, a atividade fica simplesmente impossível de realizar sem o app, então siga em frente, porque aqui trabalhamos com o possível. Por outro lado, você precisa saber do processo terapêutico que é escrever com a sua própria letra, levar o tempo necessário para registrar seus pensamentos à mão. Sentir o lápis ou a caneta deslizando pelo papel, olhar novamente para a sua caligrafia, que talvez há muito tempo você não veja.

Escrever à mão está ligado ao conceito de mindfulness. Vai levar você a viver o momento, a estar presente e consciente do que está fazendo. Pode ser difícil no começo, como algumas pessoas me relataram nos grupos de foco. Mas é inevitável que você perceba os benefícios de estar presente, pensando sobre você e escrevendo sobre você.

Espero que eu finalmente o tenha convencido a fazer um diário. Agora você pode marcar o dia de hoje e começar a pensar sobre as questões propostas, tomando nota do que está percebendo ou sentindo. Responda às perguntas a seguir como se fosse tirar uma fotografia do dia de hoje, honesta e consciente.

QUAIS SÃO AS SUAS EXPECTATIVAS
PARA ESTA JORNADA?

Neste exato momento, no primeiro dia, o que você espera desse processo que você iniciou? Tem expectativas altas ou baixas? Há algum ponto específico que seja o seu maior objetivo para os próximos 21 dias? Será que existe algo que você queira muito mudar na relação com seu filho?

QUE VALORES VOCÊ GOSTARIA QUE SEU FILHO DESENVOLVESSE?

Agora vamos pensar no longo prazo. Imagine seu filho com trinta anos. Que tipo de adulto você gostaria que ele fosse? Quais as qualidades ou os valores dele? Que habilidades específicas você imagina para ele? O que é importante para você?

QUAIS SÃO OS SEUS MEDOS?

E se não der certo? Será que vou dar conta? É impossível que eu consiga seguir esses 21 dias. E se mesmo assim nada mudar depois disso tudo e eu continuar gritando com meu filho? E se eu não tiver jeito e o problema for eu?

Esses foram alguns dos medos que se repetiram nos relatos de pais e mães que passaram por aqui antes de você. Todos nós sentimos medos e inseguranças, mas o que eu proponho no momento é que você apenas os perceba e anote no diário. Faça um esforço para não julgar os seus medos, porque isso não vai contribuir no processo. Perceba os receios, encare seus temores, anote-os. Saiba que todos nós compartilhamos boa parte dos mesmos medos, e isso diz mais sobre os tempos em que vivemos do que necessariamente sobre nossas falhas.

O QUE TE ANIMA?

Só que nem tudo se refere a medo, não é? Existe alguma energia também em começar a construir o que você quer hoje. O que enche você de ânimo com relação a isso?

Faça um esforço, porque sei que a primeira resposta tende a ser: "Hum, não tenho nada que me venha à cabeça agora". E isso é normal, porque estamos sempre tão concentrados em dar importância às sensações negativas e vivências ruins que, quando paramos para entender o que é bom e empolgante, faltam palavras. Tenho certeza, inclusive, de que a sua lista de medos vai ser maior que a lista de coisas que o animam. Mas pense mais um pouco, há pelo menos algo que deixe você animado com isso tudo, porque é essa a coisa que motiva você a estar aqui, neste exato momento, lendo este livro. Não se engane, você não está aqui por toda a culpa que sente, porque a culpa é um sentimento paralisante. Se você sentisse apenas culpa, jamais teria se mobilizado para iniciar esta jornada comigo!

E agora que você já escreveu sobre tudo isso, ainda falta um lembrete importante: o check-in diário, se você ainda não fez! Lembre-se de percorrer todas as etapas, anotando-as em seu diário, mas também de meditar e de pensar sobre sua tarefa extra do dia!

EM RESUMO

- Prepare seu diário da melhor forma possível.
- Reflita sobre as qualidades desejadas para seu filho no longo prazo.
- Identifique seus medos e expectativas nesta jornada.
- Pense sobre o que empolga você em tudo isso.

CHECK-IN DIÁRIO

☐ Como me sinto agora?
☐ Como foi o dia de ontem?
☐ Em que aspecto preciso de autocompaixão?
☐ Qual é o meu desafio do dia?
☐ Meditação para quem tem filhos.

DIA 2: RECONHECIMENTO DE TERRENO

Dando continuidade à nossa jornada e escrita no diário, hoje você fará alguns exercícios que o ajudarão a ter uma ideia mais consciente sobre o contexto em que está com seus filhos.

Todo mundo que tem filhos sabe que a parentalidade é um enorme exercício de flexibilidade e adaptabilidade. E isso acontece por diversos motivos. Eu diria que o mais implacável, contudo, é o tempo. Nossos filhos crescem, e crescem rápido. Isso significa que estarão em constante mudança, exigindo, em consequência, também uma frequente mudança de nossas percepções e atitudes.

O problema é que a nossa mente gosta de se ancorar. É confortável entendermos o presente e, então, esperarmos que ele permaneça congelado por décadas. Mas isso só acontece até termos filhos. É quando entendemos que o tempo é mais fluido do que gostaríamos.

O mesmo ocorre quando os filhos ficam mais velhos e acreditamos que uma menina de seis anos agirá da mesma forma que agia quando tinha quatro anos. Por isso é tão importante reservar um dia desta jornada para entender quem é o seu filho hoje, mas sem esquecer de tudo pelo que você já passou com ele até agora.

Para começar, pegue o seu diário e escreva no alto da página o nome do seu filho e a idade dele bem ao lado. Se você tiver mais de um filho, escreva os nomes e idades em forma de lista. Se tiver tantos filhos quanto eu, talvez precise de duas páginas (brincadeira). Escreva com letras grandes, dê algum destaque não apenas ao nome, mas também à idade da criança ou bebê.

OLHE PARA TRÁS E RECONHEÇA

O que somos hoje é fruto dos desafios pelos quais passamos, dos problemas que resolvemos e das decisões que tomamos.

Vivemos uma vida inteira lamentando culposamente o nosso passado e planejando com ansiedade o futuro. Vivemos uma vida inteira e raramente vivemos o presente. É muito importante se lembrar de toda a sua caminhada até agora, mas não como uma forma de enaltecer o passado ou se culpar pelas decisões que tomou. Trata-se de olhar para o passado e apenas reconhecer, porque o foco é no presente.

É importante lembrar sempre que você, hoje, é fruto das decisões (sejam acertadas ou equivocadas) que o seu eu de ontem tomou. Tudo isso faz parte de quem você é hoje, e não é possível se culpar tanto pelo que já passou. Enquanto sentir culpa, você ficará preso ao passado e não poderá agir no presente.

Agora que você entende como a culpa não é o caminho a ser seguido (por mais que o sigamos às vezes, mesmo que inconscientemente) é hora de escrever na sua agenda tudo aquilo que já viveu com seu filho. Por quais desafios e dificuldades vocês já passaram juntos?

- A semana assombrosa em que seu filho praticamente não dormiu e você quase pirou.

- Aquela época em que sua filha tinha uma fixação nada divertida pelo próprio cocô e você achou que seria assim para sempre.

- A vez em que seu filho ficou internado por dez dias e você teve que lidar com toda a dor e apreensão pela saúde dele.

- Os dias em que você gritou com seu filho tantas vezes que teve certeza de que ele nunca mais o olharia com afeto e admiração.

Esses são alguns dos exemplos comuns a todos nós, pais e mães. Anote todas as situações que você imaginou que nunca se resolveriam, mas que, olhando agora, fazem parte de um passado distante.

OLHE PARA O HOJE E ACEITE

Esse é o momento de olhar para o agora e entender o que está acontecendo com o seu filho e com a sua relação com ele. Temos uma tendência a sentir que os desafios que vivemos hoje são sempre os piores pelos quais já passamos na vida, mas não é bem assim.

Se você reler as situações que anotou no item anterior, vai conseguir se lembrar claramente de como se sentiu ao passar por tudo aquilo. Na época todas pareceram as coisas mais difíceis, urgentes e traumatizantes que você já viveu. O que está acontecendo agora com o seu filho?

- De uma hora para outra, parou de comer o que comia, está superseletivo.
- Começou a mentir para mim e para outras pessoas, o que nunca fez antes. Muito menos tem exemplos assim em casa.
- Está mordendo os coleguinhas da creche e batendo neles. Tenho recebido recados da escola, mas ele nunca apanhou em casa.
- De repente passou a ser grosseiro com todos ao seu redor, principalmente comigo.

Você se identifica com alguns desses exemplos? Anote tudo no seu diário e reflita sobre isso. Essa gravidade de agora é mesmo maior do que tudo o que você já viveu no passado? É bem provável que não.

Por outro lado, isso não significa que os problemas se resolvem sozinhos. Não é porque os contratempos foram superados que você não precisa fazer nada quando seu filho começa a morder um coleguinha na creche. Mas ter essa perspectiva do tempo e dos desafios que já vivemos ajuda a ter clareza no pensamento e calma para passar por esses desafios sem tanto desespero.

PESQUISE AS FASES DO DESENVOLVIMENTO

Leia atentamente o que você listou no seu diário. Com certeza vai perceber que boa parte das coisas ocorridas no passado possuem conexão com a idade do seu filho e a fase do desenvolvimento que ele estava atravessando.

Esta é a hora mais importante da sua atividade do dia: reconhecimento de terreno nada mais é do que entender qual a idade do seu filho hoje e que tipos de desafios são apresentados na etapa do desenvolvimento em que ele está.

Duas das habilidades mais importantes que desenvolveremos ao longo dos próximos dezenove dias começam a ser percebidas hoje: flexibilidade e adaptabilidade. São elas que vão nos permitir entender que os nossos filhos mudarão inevitavelmente, não apenas por causa da idade, mas sobretudo por causa dela.

Com quantos anos seu filho está agora? Que tipos de comportamento desafiador ele apresenta? Será que esses desafios não são justamente os que se espera na idade dele? Responda a essas perguntas no seu diário também.

Separe uma parte do dia (ou de amanhã, se você estiver fazendo isso à noite) para pesquisar em sites, revistas e livros quais os desafios específicos da idade dos seus filhos. Você pode encontrar essas informações no meu site, paizinhovirgula.com, ou em livros excelentes, como *Já tentei de tudo*, de Isabelle Filliozat. Mas um aviso importante: leia apenas a parte sobre a idade ATUAL do seu filho. Não caia na cilada de ler sobre as idades que seu filho já teve ou ainda terá. Lembre-se de que precisamos viver o presente.

COMPORTAMENTO DOS FILHOS

Para dar uma ajudinha, aqui vai uma breve lista das principais características etárias das crianças para você consultar. É muito importante frisar que isso não é um manual. Lembra? Então pode ser que nem tudo se encaixe perfeitamente com o que você está percebendo em seu filho hoje, mas ainda assim sirva como uma orientação geral.

Até um ano: seu filho é um bebê e, como tal, vai ficar feliz no colo. Ele precisa muito de toque, de afeto físico, e isso será a base fundamental para ele se sentir seguro no mundo e com você. Bebês são dependentes, sim, e bastante. Tente atender ao máximo as demandas dele, lembrando que o choro é apenas a forma de ele se comunicar e pedir ajuda, não de manipular. Bebês também passam por saltos de desenvolvimento, pelo nascimento dos dentes, e tudo isso pode mudar drasticamente a rotina de sono e humor. Os bebês tendem a chorar muito quando estão separados de suas figuras de referência de afeto, como mães e pais. Então não pense que é manha. É necessidade mesmo.

Um ano: seu filho já começa a sentir um gostinho pela autonomia, ainda mais quando aprende a andar. Mas não entende regras. Não entende a palavra "não", por isso é mais eficiente falar "pare", em vez de "não faça isso". Ele aponta para tudo o que quer, não consegue esperar o tempo das coisas e vai protestar bastante contra isso. Não tente discutir e impor regras, ele é muito pequeno ainda; é melhor para a sua sanidade mental adaptar o ambiente de casa e torná-lo seguro para que seu filho possa explorar mais livremente, um ambiente que diga mais "sim" do que "não". Ele ainda vai chorar bastante, e ainda ficará muito angustiado com o afastamento das suas figuras de referência de afeto. Não é manha, é necessidade de se sentir seguro.

Dois anos: as birras (ou crises emocionais de choro) começam a fazer uma parte imensa da rotina do seu filho, que, apesar de falar, andar e correr, não tem as ferramentas necessárias para regular sozinho suas emoções. O menor dos detalhes pode gerar a maior das frustrações, então acolha, abrace, e não invalide essa dor. Ele vai dizer "não" para tudo: comer, dormir, acordar, mas fica especialmente devastado com o fim das coisas, como a aula de natação. É preciso conversar muito, pensar em rotinas e antecipar bastante as atividades para diminuir essa ansiedade. Ele ainda não consegue brincar com os outros porque está sempre no seu mundinho; no máximo, vai ficar perto de outras crianças. Importante: não espere que seu filho compartilhe brinquedos com facilidade.

Três anos: é o período conhecido como a adolescência da primeira infância. Você vai escutar muitos "Não, eu não quero isso/assim/agora", e às vezes isso virá num tom grosseiro. Tudo deve ser do jeito dele, por isso essa necessidade de controle deve ser enfrentada com a oferta de escolhas limitadas, de opções restritas para que seu filho escolha (apenas) entre elas. Ele já entende as regras, mas as quebra constantemente porque ainda está começando a desenvolver um controle sobre seus impulsos.

Quatro anos: você pode achar que seu filho está mentindo bastante, mas não é exatamente mentira (ainda):

é da fase também. Nessa idade, a fantasia ganha tanta força que às vezes se mistura com a percepção de realidade. Ele pergunta muito e sobre qualquer coisa, em sequências intermináveis de "por quê?". É preciso lembrá-lo constantemente das coisas que ele precisa fazer. Quadros ilustrados de rotina diária ajudam, inclusive para dar autonomia.

Cinco anos: ele pode parecer mais envergonhado do que você achava antes, mas é um momento importante e precisa ser respeitado. Ele demora demais para fazer qualquer coisa que pedimos, como tomar banho, arrumar os brinquedos ou se vestir. Parece uma criança enorme, totalmente autônoma, mas ainda é uma criança e ainda precisa de muita ajuda com suas emoções. Acolha e nomeie sentimentos com seu filho para que o repertório emocional dele se enriqueça cada vez mais.

Seis anos: enquanto, por volta dos quatro anos, parecia que seu filho estava mentindo quando era só fantasia, agora ele começa a mentir mesmo. É importante lembrar que na maior parte do tempo a mentira vem do medo da reação da outra pessoa. Seu filho vai precisar de espaços muito seguros em que se sinta novamente livre para contar tudo e mentir cada vez menos. Ele ainda não tem muita paciência para atividades monótonas, como arrumar o quarto, então desenvolver a ludicidade e transformar tudo em brincadeira costuma ajudar (como fazer uma corrida de arrumação de quarto andando de costas). Liberte a imaginação, já que a do seu filho está bem solta. A essa altura ele possui gostos muito definidos e pode mostrar resistência a qualquer novidade que lhe for apresentada.

Sete anos: seu filho ainda deve se opor bastante às atividades que envolvam arrumação da casa; continue conduzindo da mesma forma. Além disso, a competitividade começa a se tornar um fator forte na rotina, porque seu filho quer ser o melhor, o mais rápido e o mais inteligente em tudo, seja na escola ou em casa com os irmãos. Ele pode passar a falar mais dos outros que de si mesmo como forma de se colocar melhor na comparação. Os processos cerebrais começam a ficar mais sofisticados, o que significa que ele terá seus momentos sarcásticos e irônicos. Lembre-se de não levar para o lado pessoal.

Oito anos: seu filho vai começar a se interessar pelas regras e a desejar que todos as sigam. Vai apontar quando você não cumpre o combinado, e principalmente quando os irmãos não cumprem, nem os amigos. Esse é o momento ideal para abusar dos recursos de combinados prévios, rotinas e quadros de tarefas. Ele ainda não tem controle sobre suas emoções, por mais que seja uma criança grande, e vai precisar de muito colo e acolhimento. Permanece a dificuldade para dominar a ansiedade: vai perguntar milhares de vezes a mesma coisa, ainda mais se nos planos houver algo divertido, como um passeio. Começa a entender que as pessoas reagem e respondem de forma diferente, e pode explorar isso fazendo perguntas específicas para o pai e para a mãe a fim de tirar o melhor proveito da situação. Mas isso não faz dele uma criança manipuladora, e sim alguém que está conhecendo os caminhos complexos da relação interpessoal.

Nove anos: seu filho já começa a perceber que está crescendo, e quer ser visto como alguém grande, qua-

> se um pré-adolescente. Nessa fase, tudo gira em torno da exatidão e perfeição das coisas: se você disser que são 9h30 da manhã e ele perceber que, na verdade, são 9h32, ele vai reclamar. A precisão sobre as regras e coisas assume grande importância para ele, que vai se tornando, aos poucos, um paladino da justiça em relação a todos ao seu redor. Ele vai se envolver em projetos complexos, como escrever um pequeno livro, ou quadrinhos, e começa a se interessar por coleções (de qualquer coisa), sejam pedrinhas ou figurinhas; essas coleções têm um papel muito importante na organização interna dele. Também passa a se perceber como alguém diferente e a querer procurar sua própria forma de se comunicar com o mundo, e tanto o visual como a forma de se vestir passam a ter importância.

Esse é um bom resumo do que esperar em cada idade, e vai ajudar você a entender em que terreno está pisando com seus filhos. É muito importante que você leia, faça a pesquisa e escreva no diário quais comportamentos desafiadores encontrou no seu filho e que descobriu que são típicos da idade.

Isso não resolve o problema completamente, mas sem dúvida ajuda a ter um pouco mais de empatia com o seu filho e a pensar em estratégias concentradas no que ele pode assimilar. Fuja da armadilha de esperar atitudes que ele não tem desenvolvimento suficiente para demonstrar; sua filha de dois anos não vai controlar os próprios impulsos.

Por outro lado, é importante lembrar que isso não significa que você deve aguardar passivamente que essas fases passem sem fazer nada, mesmo quando seus filhos erram.

Entender em que momento da vida eles estão ajuda a focar na solução, entendendo as limitações de desenvolvimento deles. Não é uma questão de permissividade, mas sim de uma educação positiva, segura e efetiva.

Agora que você já sabe mais sobre o que está acontecendo dentro de casa, é hora de repassar o check-in diário. Não se esqueça de que ele precisa ser feito todos os dias, obviamente. E eu estarei aqui para lembrar você, sempre!

EM RESUMO

- Olhe para trás e reconheça os desafios e grandes acontecimentos que você já viveu com seu filho. Quais os maiores problemas pelos quais vocês já passaram, seja de saúde ou de comportamento? Reflita sobre como nos culpamos tanto com o passado, planejamos o futuro e não vivemos o presente.
- Olhe para o dia de hoje e entenda todos os desafios que estão acontecendo agora. Eles são mais graves do que todos os anteriores? Como seu filho está hoje?
- Pesquise as fases do desenvolvimento da infância. O que acontece com seu filho é o esperado para a idade dele? Conheça bem o terreno em que está pisando agora.

CHECK-IN DIÁRIO

☐ Como eu me sinto agora?
☐ Como foi o dia de ontem?
☐ Em que aspecto preciso de autocompaixão?
☐ Qual é o meu desafio do dia?
☐ Meditação para quem tem filhos.

DIA 3: OLHANDO PARA TRÁS

Quando o meu filho mais velho era um pequeno bebê, eu não pensava muito sobre o meu passado. Na verdade, nunca pensei e sempre achei que isso era desnecessário, afinal, todo mundo diz que passado é passado.

Isso foi até eu começar a perceber que havia coisas guardadas em mim, e elas estavam tão bem guardadas que nem eu sabia que estavam lá. Quando as noites sem dormir passaram a se acumular e a exaustão ocupava todos os espaços da minha existência, determinados comportamentos do Dante começaram a me levar a lugares que eu evitava ao máximo revisitar.

Toda vez que aquele bebê dava um tapa na minha mão e a colher de comida voava até o chão, ou toda vez que ele simplesmente se recusava a comer, uma força antiga se revirava dentro de mim, como um monstro enjaulado. O mesmo monstro que eu enfrentara na infância. A vontade de gritar e de ser truculento tomava conta de mim, e, por mais que eu resistisse, às vezes eu apenas não resistia.

Sempre que isso acontecia eu me lembrava de onde vinham esses comportamentos. Eram comportamentos que eu mesmo já vi quando criança, e que já ouvi tantas vezes:

— Ah, o Thiago come muito bem, mas só com o chinelo em cima da mesa.

Eu nunca apanhei, mas a ameaça estava sempre rondando, e, claro, não me ajudou exatamente a criar uma relação saudável com a alimentação. Foi quando tudo isso começou a reaparecer para mim que entendi que era urgente fazer as pazes com o passado.

Obviamente, essa não foi a única questão com que precisei lidar — e ainda tenho que batalhar com ela. Talvez a sua história seja diferente, mas, definitivamente, há uma boa quantidade de acontecimentos e questões do seu passado que você ainda deve enfrentar.

Se passarmos a vida inteira fugindo das coisas que nos assombram sempre seremos aterrorizados pelos fantasmas que nos seguem. É com isso que iremos lidar hoje, na nossa jornada. Não será fácil, mas é necessário.

COMEÇANDO A VIAGEM

Esse é o momento para você refletir sobre o que aconteceu com você na infância. Faça uma viagem no tempo e relembre alguns acontecimentos da sua vida de criança. Anote no diário esses eventos, sejam eles positivos ou negativos. Escreva também sobre como impactaram a pessoa que você é hoje.

Esse momento da sua jornada pode ser particularmente dolorido por envolver mágoas e dores antigas. Revirar coisas que machucaram pode nos fazer perceber que elas continuam doendo até hoje. Ao longo da vida, tendemos a não cuidar dessas feridas, apenas paramos de olhar para elas. O problema é que isso não resolve nada, porque aquilo vai continuar doendo mesmo assim, e às vezes começa a doer sem você nem saber por quê.

Passar por esse processo de analisar as experiências, inclusive as dolorosas, é muito importante. Algumas pessoas podem achar que é sadomasoquismo, mas está longe disso. Buscamos aqui um processo de criar consciência — algo muito importante no mindfulness, justamente porque é um convite para você entender, olhar, enxergar e reconhecer essas dores, como se pudesse dizer: "Eu vejo você, vejo que ainda dói. Reconheço essa dor e seguirei meu caminho". Não podemos fugir das dores, mas precisamos olhar para elas, criar consciência sobre elas para, então, conseguir andar para a frente.

Contudo, essa experiência pode ser forte demais para você enfrentar sozinho. Se você sente que está além das suas capacidades, respeite seu corpo, seu coração e sua mente. Mas perceba que esse é um dos muitos sinais de alerta que nosso corpo, coração e mente nos dão todos os dias.

Não é uma fraqueza perceber esses alertas e buscar ajuda profissional, por exemplo. Se você tiver condições, terapia ou psicanálise ajudam bastante. O fato de isso o incomodar é um sinal de que existe algo ainda não resolvido e que precisa ser olhado com carinho, e com ajuda profissional, se for o caso.

Terapia é fundamental, pode salvar vidas, mas muitas vezes é inacessível. Busque profissionais que atendam dentro das suas possibilidades. Se não conseguir, procure na sua cidade programas sociais que ofereçam assistência gratuita para pessoas elegíveis nesses projetos, seja em clínicas ou universidades.

Algumas pessoas nos grupos de foco relataram não se lembrar de muitas coisas do passado. Esse pode ser o seu caso, e também é o meu. Não me lembro de muitos acontecimentos da minha infância, como se a minha memória fosse um quebra-cabeça com peças faltando. Esses lapsos são, na verdade, uma defesa da própria mente, que tenta nos proteger de lidar com acontecimentos muito dolorosos ou até traumáticos. Não é recomendável que você tente se esforçar demais para resgatar essas peças que faltam. Entenda isso como mais um alerta da sua mente para buscar ajuda profissional.

Se você conseguir lidar com isso por conta própria, o caminho é avaliar essas experiências da infância, sejam elas boas ou ruins, prazerosas ou lancinantes. Não se esqueça de anotar como todas elas também contribuíram para você ser quem é hoje, para o bem ou para o mal.

FAÇA AS PAZES COM O PASSADO

Agora que você conseguiu olhar um pouco para a sua história na infância, é o momento de fazer as pazes com o passado. Ou seja, de entender que tudo o que aconteceu faz você ser quem é hoje. Nós somos o resultado de inúmeras variáveis:

- A herança genética que recebemos dos nossos pais.
- A relação que cultivamos com nossos cuidadores e a atenção que recebemos deles.
- O ambiente no qual estávamos inseridos.
- Nossos próprios traços de personalidade.

Tudo isso afeta a maneira como crescemos e como nosso cérebro se desenvolve, culminando em quem nos tornamos. Não caia na armadilha de criar o que eu chamo de multiverso das personalidades, imaginando como seria se alguns dos fatores que formaram a sua história fossem diferentes. Esse é um exercício que nos leva a um só caminho: ressentimento e frustração. Não gaste energia em algo impossível, que é mudar o passado.

É por isso que entender o nosso passado e aceitá-lo é o ponto mais importante nesse processo de fazer as pazes. Por outro lado, não significa, de forma alguma, que você tenha a obrigação de perdoar qualquer pessoa. Esse processo diz respeito a você e a mais ninguém. Se, como muitas pessoas relataram nos grupos de foco, você teve pais que de algum modo foram violentos seja física, verbal ou emocionalmente, reflita sobre alguns pontos:

- Seus pais lhe deram muito mais do que receberam dos próprios pais?
- Eles fizeram o melhor que podiam com aquilo que sabiam e tinham como ferramentas?
- Eles viveram num contexto social e econômico extremamente desafiador?
- Trabalhavam demais para sustentar a casa?
- Fizeram tudo aquilo em nome do amor?

Observe que são muitos pontos para refletir e entender, mas nada disso é um caminho obrigatório para que você perdoe seus pais. Essa é uma decisão única e exclusivamente sua. Você pode perdoar e mesmo assim entender que o que fizeram deixou marcas e traumas; mas também pode não perdoar e entender da mesma forma os efeitos que exerceram.

O principal é aceitar que isso faz parte da sua história e que não é possível mudar o passado, mas entender que não se tira a responsabilidade das pessoas sobre o que fizeram. O que podemos fazer é reconhecer as feridas para dar continuidade ao processo de cura.

Anote essas reflexões no seu diário. Isso será muito importante. Quando bota no papel, você fala para si mesmo, e os pesos, que eram tão grandes e assustadores, começam a ficar um pouco mais leves. Se você tiver, além da ajuda profissional, pessoas a quem contar essas experiências e que possam oferecer uma escuta empática, busque conversar com elas também. Falar sobre isso não vai fazer parar de doer. Contudo, compartilhando a dor, ela fica mais suave.

ROMPENDO CICLOS

Você já revisitou seu passado e está trabalhando para fazer as pazes com ele, então o momento agora é de perceber que os ciclos se repetem ainda hoje com você, principalmente na sua relação com o seu filho.

Quando a Anne, minha companheira, estava grávida do Dante, eu não sabia muita coisa — quase nada, na verdade — sobre o tipo de pai que eu gostaria de ser. Não sabia nada sobre educação de crianças, sobre como se constroem vínculos seguros, mas sabia uma coisa: queria ser um pai diferente do que eu tive.

Eu queria ser um pai que estivesse disponível emocionalmente, que falasse sobre sentimentos; um pai com quem meus filhos pudessem contar para tudo e eles soubessem disso, e tivessem certeza de que no meu colo encontrariam acolhimento, afeto, muitos beijos e "eu te amo".

Passei pelo longo processo de entender esse passado e fazer as pazes com ele, de saber que homens, em nossa sociedade, são criados para qualquer coisa, menos para amar. Foi justamente nesse momento que encontrei meu primeiro grande ciclo a ser quebrado: o ciclo do distanciamento emocional.

Eu fui criado assim e homens tendem a ser criados assim, embora esse ciclo não seja exclusivo. No entanto, quando se tem essa vivência tão marcada na história, é fácil se acomodar no deserto emocional em que fomos criados. É fácil se afastar emocionalmente de quem amamos, afinal, é também uma forma de se proteger. Mas claro que isso não é eficaz, porque um deserto emocional esconde minas traiçoeiras sob a areia. Você caminha sem conhecer conscientemente nada que está debaixo dos seus pés, mas a qualquer momento pode pisar no lugar errado, em uma mina de ressentimento, e vai explodir e ferir não apenas a si mesmo, mas também quem estiver por perto.

Eu sabia que precisava romper esse ciclo, e venho trabalhando nisso desde então. Falando assim pode parecer fácil, mas quebrar ciclos é difícil, é algo em que se trabalha muito — a vida toda, até. Por isso essa tarefa do dia é tão importante. Ela marca um início. A partir do momento em que identifica um ou mais ciclos que gostaria de romper e escreve sobre eles no diário, você assume consigo mesmo um compromisso de que buscará rompê-los. Isso não acontece de uma hora para outra, mas o primeiro passo — assumir o compromisso — é essencial.

Você, assim como outros pais e mães que já passaram por esta jornada, possui ciclos diferentes a serem quebrados, como, por exemplo, o ciclo da violência física. Mais especificamente, o ciclo da palmada. Os ciclos de violência são os mais difíceis de quebrar, porque envolvem desfazer a crença de que as crianças só aprendem sofrendo punições e desbravar um novo mundo de aprendizados sobre a disciplina sem violência. Não se preocupe, este será um dos focos da nossa segunda semana.

Há muitos tipos de ciclos diferentes: ciclos de gritos, agressões, afastamentos, humilhações, e cada um tem suas peculiaridades. Por ora, identifique os que você deseja romper, escreva sobre eles. Perceba como eles o afetam na sua relação com seu filho hoje e, principalmente, como você com frequência é sugado para dentro do ciclo, mesmo que de modo inconsciente.

Chegamos ao fim de mais um dia, mas o lembrete de fazer o check-in diário permanece, caso você ainda não tenha feito. Lembre-se de que são dez, quinze minutos no máximo, e os benefícios para você e seus filhos são inúmeros.

EM RESUMO

- Reflita sobre a sua própria infância; relembre os acontecimentos positivos e também os negativos.
- Busque fazer as pazes com o passado, lembrando que isso não é a mesma coisa que perdoar absolutamente todas as pessoas que fizeram parte da sua história pessoal.
- Identifique os padrões que se repetem ainda hoje, quais deles têm origem na sua infância e quais você deseja romper.

CHECK-IN DIÁRIO

- ☐ Como me sinto agora?
- ☐ Como foi o dia de ontem?
- ☐ Em que aspecto preciso de autocompaixão?
- ☐ Qual é o meu desafio do dia?
- ☐ Meditação para quem tem filhos.

DIA 4: OLHANDO PARA O HOJE

Lembro de quando o Dante era apenas um bebê. Ele tinha quase um ano e, como não sabia andar com firmeza por conta própria, adorava se enfiar em pequenas frestas. Qualquer espacinho entre um móvel e uma parede, por exemplo, já era um convite irrecusável, por um motivo que nunca entendi. Talvez porque, nesses espacinhos, ele conseguisse ter a sensação de quase andar por conta própria? Pode ser, mas o fato é que, numa bela manhã, quando estávamos os dois juntos na sala, ele viu uma dessas frestas.

Era entre uma mesinha baixa e a parede, e ele estava há um bom tempo indo e vindo ali, superfeliz. Andava de um lado para o outro, com aquele sorriso de bebê que derrete qualquer um. Foi então que escorregou e começou a cair em direção à mesa.

Aos meus olhos, tudo acontecia em câmera lenta: a queda e os meus braços se esticando devagar em direção a ele, numa tentativa inútil de ampará-lo. Não deu tempo. O Dante bateu com o queixo na mesinha e, de repente, tudo começou a acontecer de forma muito acelerada, provavelmente por causa da injeção de adrenalina que já percorria o meu corpo.

Ele chorava, gritava e começou a sangrar. Na batida, mordeu e cortou a língua. Chorou e gritou tanto que acordou a Anne, que veio ver o que era. Demoramos um tempo para acalmá-lo, e afinal conseguimos, com certo custo. O corte fisicamente não foi nada grave, mas a marca deixada em mim foi profunda.

Essa história, apesar de muito antiga, me deixou cicatrizes por ter sido o primeiro evento real na minha paternidade em que percebi que não posso dar conta de tudo. Que eu não conseguiria proteger o meu filho de tudo. E, apesar dessas certezas, algumas dúvidas me assombraram durante um tempo.

"E se eu tivesse agido mais rápido?"

"E se eu estivesse ao lado dele, segurando-o, desde o início?"

"Eu sou o pai mais lixo de todo esse mundo."

Hoje, muitos anos depois e com mais três filhos, percebo como foi difícil aprender a ter autocompaixão. É algo em que trabalho até hoje e que, embora você ainda não tenha percebido, já estamos trabalhando nessa jornada.

O assunto, hoje, é autocompaixão.

QUAIS SÃO AS SUAS QUALIDADES?

Não se preocupe, isso não é uma entrevista de emprego. Você não precisa agradar ninguém agora, apenas ser sincero. Eu sei que listar defeitos é muito mais fácil do que listar qualidades, então faça um esforço — por você — para listar cinco qualidades suas.

Fuja dos clichês, como "sou pontual". E definitivamente não ouse escrever no seu diário: "Bom, eu sou muito perfeccionista, o que é uma qualidade e um defeito também".

Você não precisa convencer ninguém. Então cave mais fundo dentro de si, procure suas reais qualidades. Coisas das quais você realmente tem orgulho de ser ou fazer, mesmo que sejam pouco convencionais:

- Eu me preocupo com os outros.
- Sou bem divertido.
- Adoro rir com meus amigos.
- Sei fazer um bolo delicioso.
- Olho nos olhos das pessoas quando falo com elas.

Esses são alguns exemplos que andei levantando nos grupos de foco. Não pense que são as minhas qualidades, até porque meus bolos são terríveis. Esse exercício é muito importante para entender a autocompaixão, que passa obrigatoriamente por valorizar as coisas positivas que você é e faz.

Não digo que seja fácil, já que, se todos temos só uma qualidade em comum, ela é: "Eu sei apontar defeitos em mim mesmo como ninguém". Vamos então deixar isso de lado e escrever cinco coisas que você admira em si mesmo.

QUAIS SÃO AS SUAS FRAQUEZAS?

Este é o ponto fácil da tarefa do dia: listar seus defeitos — que, diga-se de passagem, combinaremos de não chamar de defeitos. São fraquezas. Traços, características, tendências que você entende que, com algum esforço, poderiam até se tornar qualidades. São pontos de atenção dos quais você deve cuidar, porque, afinal, características desafiadoras nada mais são que atributos que precisam de atenção, cuidado e carinho, não de culpa, humilhação e castigo.

Talvez a maior dificuldade aqui seja você listar apenas cinco fraquezas. Todos nós arrolaríamos facilmente umas cinquenta, em ordem alfabética e classificadas de acordo com a gravidade. Fomos criados e treinados para sempre olhar as coisas negativas, fracas, ruins. Para valorizar o ódio, e não o amor, por mais que desejemos o amor. Essa é a sua oportunidade de começar a mudar isso.

- Eu demoro a me interessar por projetos novos.
- Tenho perdido a paciência muito facilmente com meus filhos.
- Sinto inveja de outras pessoas.
- Tenho medo de me conectar aos outros.
- Sinto cansaço o dia inteiro.

Imagine que você estivesse lendo essa lista de fraquezas de uma pessoa qualquer. O que pensaria dela? E sobre essas fraquezas? Acharia que essa pessoa é intrinsecamente má ou preguiçosa? Com algum traço de psicopatia? Acho que não. Acho que você, assim como eu, talvez visse uma pessoa com dificuldades para lidar com as emoções, que está sobrecarregada e exausta. Que tem dificuldades para lidar com o que outras pessoas declaram sobre si mesmas.

Fraquezas estão associadas às nossas diferentes realidades, com subjetividades e especificidades que precisam ser examinadas com atenção, cuidado e carinho. Por isso, escreva as suas cinco fraquezas e procure lê-las com esse olhar mais afetivo.

O caminho em direção à autocompaixão pode ser difícil e tortuoso, mas, definitivamente, vale o esforço. E não se esqueça: são apenas cinco fraquezas, não cinquenta.

OBSERVE OS DIAS RECENTES

Este é o momento de olhar para os últimos dias com seu filho. Relembre os acontecimentos mais importantes da última semana e liste no diário três acertos e três erros.

Assim como nos tópicos anteriores, tenho certeza de que enumerar erros vai ser o trabalho mais fácil, porque estamos sempre com uma lupa julgadora e negativa sobre nossos atos. Lembre-se de que o caminho não é esse, e sim listar seus erros e acertos evitando ao máximo fazer grandes julgamentos:

- Ontem eu consegui respirar antes de começar a gritar com meu filho.

- No início da semana transformei o banho em brincadeira e tudo ficou mais leve.

- Há alguns dias consegui me lembrar de cuidar um pouquinho de mim.

Esses são alguns exemplos de acertos que outros pais e mães já me contaram. Não são os acertos óbvios e com base em metas absurdas como "Eu parei de gritar com o meu filho" — porque, honestamente, esses objetivos só servem para nos frustrarmos e sentirmos culpa.

Tente observar as pequenas coisas, reconhecer que você teve algumas pequenas vitórias, e que elas são, sim, mérito seu. Reconheça o seu mérito enquanto escreve no diário, porque a chave da autocompaixão está em também reconhecer os acertos, esforços e méritos. Ao contrário do que muitas pessoas pensam, autocompaixão não é passar pano para si mesmo.

Da mesma forma, liste três erros que você cometeu recentemente, mas não da forma como estamos acostumados a fazer: "Fui horrível com meu filho ontem de manhã"; "Ontem eu falhei de todas as formas na minha maternidade"; "Sou um péssimo pai, eu só grito com ele". Não se trata disso. O foco aqui é observar, sem maiores julgamentos, aquilo que você considera um erro cometido. Anote em detalhes as situações específicas, prestando atenção ao contexto:

- Ontem, na hora do banho, não consegui respirar nem controlar meu cansaço. Não consegui transformar a função em brincadeira e simplesmente gritei com meu filho para tomar banho logo.

- Hoje cedo, na hora de preparar meu filho para a escola, eu estava muito preocupado com o horário do trabalho. Não consegui ter calma para lembrar ao meu filho todas as coisas que ele precisava fazer para ir à escola. Perdi a paciência e explodi de raiva porque estava ansioso com o atraso.

Você consegue ver a diferença entre esses exemplos? É aqui que percebemos que os erros acontecem pontualmente, porque somos humanos, e podemos estar cansados, sobrecarregados, ansiosos ou preocupados. Nossos erros não definem quem somos, muito menos determinam nossa personalidade.

Autocompaixão também é reconhecer nossos erros, mas entender que tudo acontece em um contexto. E, conhecendo esse contexto, podemos adotar ações não apenas para reduzir a probabilidade de cometermos o mesmo erro, mas para viver com mais equilíbrio.

SURPREENDENDO SEU AMIGO IMAGINÁRIO

Chegou o momento de brincar de imaginação. Tente se imaginar caminhando por um ambiente com salas e corredores. Você está em um desses corredores longos, que ligam várias salas, e, à medida que caminha, uma voz vai ficando cada vez mais nítida.

Você percebe que é um dos seus melhores amigos ou amigas. Imagine como se fosse realmente um dos seus melhores amigos na vida real. Ele está em uma dessas salas conversando com outras pessoas, e você fica feliz ao ouvir a voz familiar. Começa então a caminhar em direção à sala para encontrar a pessoa.

Quanto mais se aproxima, mais nítida é a fala da pessoa, e você começa a entender o que ela está dizendo. Para sua enorme surpresa, ela fala de você. Muito mal, diga-se de passagem.

Prestando um pouco mais de atenção, você entende que ela fala de você de forma julgadora e agressiva. A pessoa não sabe que você está ouvindo e conta para toda a sala os seus piores defeitos ou, no caso, fraquezas. As mesmas que você listou no diário no início desse dia.

Tente imaginar como você se sentiria ouvindo isso. Traído? Extremamente magoado? Com ódio profundo daquela pessoa que você considerava sua melhor amiga? Qual seria a sua reação numa situação dessas? Talvez entrar na sala e dar um sacode na pessoa? Ou sair correndo, chorando, e nunca mais falar com ela? Ou então deixaria toda a raiva virar ressentimento e construiria um plano de vingança extremamente elaborado? Ok, talvez eu esteja assistindo a filmes demais, mas algumas pessoas desenvolvem vinganças muito elaboradas!

Por outro lado, é possível que uma das sensações principais seja a de traição. Afinal, alguém em quem você confiava tanto falou aquilo. Alguém que sempre levantou sua moral, que esteve ao seu lado nos piores momentos e que nunca tinha feito isso antes. Então imagine essa pessoa hoje, de verdade. Será que ela diria a mesma coisa na sua cara? É bem provável que não, ou pelo menos você não esperaria que dissesse, caso contrário não estaria na lista de seus melhores amigos.

A realidade é que coisas assim nunca são esperadas de pessoas especiais. Mas tem alguém que sempre esteve ao seu lado também, durante todo o tempo, mas que te julga com todo o rigor sempre que tem a oportunidade: você mesmo.

Por que isso é tão aceitável? Por que é tão sedutor nos julgarmos com tanta rigidez? Por que pegamos tão pesado conosco? Não deveria ser o oposto, sermos as pessoas que mais nos apoiam? Se fosse assim, a vida seria muito mais fácil, não?

Isso acontece, em parte, porque vivemos em uma sociedade extremamente punitiva. Se alguém erra, essa pessoa precisa sofrer, se envergonhar e se sentir mal para, pretensamente, aprender. Mas acontece exatamente o contrário. Ninguém aprende assim, e há inúmeras evidências indicando que a disciplina acolhedora e empática, ainda que com limites, é mais eficiente no longo prazo.

O problema é que a maioria de nós foi criada dessa maneira, e quebrar o ciclo é difícil. No entanto, se conseguirmos mudar esse comportamento começando por nós mesmos, mudaremos a forma de nos comportamos em relação aos nossos filhos. Tudo isso pela autocompaixão e pelo entendimento de que a filosofia punitivista não funciona.

A boa notícia é que praticar a autocompaixão deixa você mais próximo desse lugar. A chave da autocompaixão está justamente no entendimento de que nós devemos ser nossos melhores amigos. O objetivo é nos tornarmos capazes de dizer a nós mesmos exatamente o que os nossos melhores amigos diriam em qualquer momento.

Não apenas hoje, mas daqui para a frente, transforme a voz desse seu melhor amigo na sua própria voz interna. Uma voz que acolherá e abraçará você até nos piores momentos.

Para finalizarmos o exercício, anote em seu diário o que o seu melhor amigo imaginário disse, como você se sentiu e que tipo de coisa você gostaria de dizer a você mesmo, buscando construir uma autocompaixão mais sólida.

Estamos chegando ao fim da primeira semana. Meus parabéns para você que continua aqui. Imagino que esteja percebendo que os dias estão ficando cada vez mais complexos em termos de reflexões, mas isso faz parte do caminho de entender a si mesmo para poder entender seus filhos.

Não se esqueça também de que você tem outro compromisso, que é o check-in diário. Se ainda não fez, separe alguns minutos para refletir sobre tudo o que tem vivido e principalmente para meditar. Você merece!

EM RESUMO

- Liste cinco qualidades suas, por mais que seja difícil encontrá-las neste momento da sua vida. Faça um esforço, vale a pena.
- Anote cinco fraquezas suas, só cinco. Concentre-se apenas em percebê-las, escrever sobre elas, sem fazer nenhum julgamento sobre você.
- Observe os dias e semanas recentes e perceba três erros e três acertos na vivência com seus filhos. Reconheça os acertos de forma descritiva, e absorva seu valor neles. Em relação aos erros, perceba o contexto ao seu redor, o que o levou a cometer cada um deles, praticando autocompaixão.
- Imagine seu melhor amigo falando pelas suas costas sobre suas maiores fraquezas. Como você se sentiria? Reflita sobre suas emoções e reações. Por que a sua voz interna não consegue ser como a voz do seu melhor amigo, que, no mundo real, é sempre acolhedor e construtivo? Perceba o valor da autocompaixão nesse contexto.

CHECK-IN DIÁRIO

- ☐ Como me sinto agora?
- ☐ Como foi o dia de ontem?
- ☐ Em que aspecto preciso de autocompaixão?
- ☐ Qual é o meu desafio do dia?
- ☐ Meditação para quem tem filhos.

DIA 5: OLHANDO PARA O LADO

Nossa primeira semana de reconhecimento já está se aproximando do fim, e se você, como sugeri, começou a jornada numa segunda-feira, isso significa que hoje é sexta! Parabéns por chegar até aqui, especialmente se você decidiu acompanhar essa caminhada diária. Vale a pena reconhecer isso para você mesmo. Quantos processos novos você já começou e teve que interromper, por inúmeros motivos, ao longo da vida? Se conseguiu avançar esse tanto, é uma vitória para celebrar!

Mas vamos ao objetivo de hoje, que será observar as suas relações. Este é um dos dias mais desafiadores da primeira semana, porque, se já não costumamos olhar para muitos aspectos das nossas vidas, olhamos menos ainda para as nossas relações amorosas.

SOBRE A SUA FAMÍLIA

A maior riqueza da vivência humana está justamente na diversidade, o que atravessa a família. Não há, nem nunca houve, apenas uma configuração correta para isso, sobretudo porque vigora uma pluralidade imensa no que podemos chamar de família:

- A mãe solo e seu filho.

- O pai e a mãe com seus filhos.

- Duas mães (ou dois pais) e seus filhos.

- Pais divorciados e seus filhos.

- Pais com filhos de outros relacionamentos e todos vivendo juntos.

Esses são apenas alguns exemplos de famílias possíveis, lembrando que nenhuma delas tem por exigência o vínculo biológico entre pais e filhos, afinal, o laço mais determinante nas relações é o de afeto.

Agora é hora de você escrever como é a estrutura da sua família. Conte, inclusive, a história dela, descrevendo não apenas você, seus filhos e outras pessoas que façam parte da família, mas também seu grupo familiar de origem. Faça um breve relato da vida dos seus pais, caso recorde, porém se refira a eles por seus nomes, e não "pai" ou "mãe". Lembre-se das histórias deles como pessoas, para além das funções parentais. Faça o mesmo com você, possíveis parceiros e também filhos.

Quando acabar, pare e releia. Esse é um processo importante (e que às vezes pode ser doloroso também) para entender sua origem, onde você está agora e aonde deseja chegar.

A REDE DE APOIO

Este é um termo cada vez mais comum nas discussões sobre parentalidade, e vem da noção de que uma criança precisa ser cuidada não apenas por seus pais, mas também pela sociedade e pelo governo. A infância deve ser prioridade para todos, mas, infelizmente, nos moldes em que a nossa sociedade se estrutura hoje isso ainda não é realidade.

Vivemos distantes das nossas famílias de origem, em centros urbanos, em casas cada vez menores e mais individualizadas, sem contato com outras pessoas que poderiam formar a nossa rede de apoio. Soma-se a isso a cobrança por trabalhar cada vez mais e estar em casa com os filhos cada vez menos, e o resultado já conhecemos: mães e pais (principalmente mães) sobrecarregados e sozinhos na criação dos filhos.

Esse é o momento de pensar em quem pode ser a rede de apoio para você e seus filhos. Faça um mapeamento de pessoas que possam desempenhar essa função na sua vida, seja de forma consistente ou esporádica, da família ou não. Estamos falando aqui de avós, tias, amigos, irmãos, vizinhos, todos que, de alguma forma, possam lhe dar apoio. E lembre-se de que pai não é rede de apoio. Pai é (ou deveria ser) figura principal de cuidado.

Uma vez que você conseguiu listar quais pessoas podem ter essa função de bote salva-vidas da parentalidade, como eu gosto de chamar, anote também, ao lado desses nomes, em que aspectos elas ajudariam você, até porque pessoas diferentes oferecem apoios diferentes. Por exemplo, uma vizinha tem uma filha que estuda na mesma escola que seu filho, e talvez vocês possam fazer um rodízio para levar e buscar as crianças. Ou aquele amigo que é excelente na cozinha possa vir de vez em quando ajudar você a preparar comida para a semana toda, enquanto conversam e colocam os assuntos em dia. Um casal de amigos poderia, uma vez por mês, ficar com seus filhos para você ir a um cineminha e se distrair. Seu irmão pode ajudar fazendo compras a cada quinze dias, porque ele tem carro e não tem filhos. Ou as avós cuidam da criança algumas tardes por semana para você dar uma caminhada.

Esses são apenas alguns exemplos do que é possível organizar para que você tenha alguns respiros ao longo dos dias. Uma vez anotadas essas possibilidades, vem a parte difícil: pedir ajuda.

Sim, a parte mais difícil de todas é pôr a rede de apoio em prática, não porque as pessoas são inacessíveis, mas porque aprendemos que precisamos dar conta de tudo sozinhos. É aqui que você precisa se lembrar do que escrevi alguns parágrafos atrás, quando disse que a responsabilidade por cuidar das crianças é compartilhada entre pais, sociedade e governo.

Você não está falhando em sua parentalidade quando pede ajuda. Está apenas sendo humano ao reconhecer que ninguém faz tudo sozinho. Quem diz isso nas redes sociais não está sendo honesto. Quando pedimos ajuda a alguém em quem confiamos, não estamos demonstrando fraqueza, mas uma enorme confiança. Se fôssemos mais honestos com as nossas inabilidades e necessidades e pedíssemos ajuda com mais frequência, acredite, o mundo seria um tiquinho melhor.

Portanto, nesse momento, você deve pegar o telefone e mandar uma mensagem para aquela amiga muito querida, em quem você confia tanto, e perguntar se ela não consegue ajudar. Claro, você vai ouvir alguns "nãos", mas também vai se surpreender com a quantidade de "sins", ou de "Isso eu não posso, mas consigo ajudar com aquilo". Acredite.

Não posso deixar de citar as redes de apoio pagas, como as babás. Sei que não é um recurso disponível para muitas pessoas, e nós mesmos não utilizamos por causa do custo, embora fosse nos dar um respiro imenso em alguns momentos. Pense que a babá não precisa estar todos os dias com vocês, mas em momentos específicos.

Quando eu e a Anne tínhamos "só" o Dante, contávamos com a ajuda de uma babá que, de semanas em semanas, cuidava dele para que déssemos uma volta e assistíssemos a um filme no cinema. A Anne estava no final da gestação do Gael, e lembro como era maravilhoso passar esses momentos só com ela, fazendo "coisas de adulto", e como isso nos revigorava para voltarmos a cuidar do Dante. Agora, não posso mentir para você, nós fazíamos isso mesmo sentindo um pouquinho de culpa, afinal, ainda tínhamos aquela cobrança interna, inconsciente, de que deveríamos dar conta do Dante sozinhos, e que recorrer a uma babá para ir ao cinema era uma das coisas mais fúteis e hipócritas do mundo.

Hoje, com quatro filhos, lembro com carinho dessa época e penso: "Ainda bem que fizemos aquilo para ter esse respiro antes de mergulhar na vida com mais de um filho". Agora, depois de dedicar mais de dez anos aos cuidados dos meus filhos, garanto para você que todo respiro e toda rede de apoio são necessários. Afinal, quem cuida de quem cuida?

AS DEMANDAS DA VIDA

A vida é cheia de demandas, que são potencializadas quando envolvem filhos. São demandas que existem não apenas quando os filhos estão acordados, mas também quando estão dormindo, especialmente se estivermos falando de bebês. São as mais diversas e, na verdade, ultrapassam as necessidades diretas de uma criança:

- Trocar a fralda;
- Dar banho no bebê ou orientar o banho das crianças mais velhas;
- Cuidar da rotina da noite;
- Lidar com a escola, sejam reuniões ou outras demandas;
- Ajudar nos estudos, incluindo o dever de casa;

- Avaliar a necessidade de comprar roupas novas quando eles crescem;

- Cuidar da alimentação dos filhos e da família como um todo;

- Controlar a despensa, de alimentos a produtos de limpeza;

- Lavar roupa;

- Limpar a casa;

- Planejar o pagamento das contas;

- Cuidar da manutenção geral da casa, do carro e outros bens;

- Manter contato com o pediatra e outros profissionais de saúde quando necessário.

Esses são apenas alguns dos muitos itens que podem ser listados, e cada um costuma envolver duas etapas: planejamento e execução. Essas etapas já configuram demandas diferentes e precisam ser levadas em consideração, como no caso da alimentação, uma vez que montar o prato das crianças é uma coisa, e pensar e planejar o que precisa ser preparado e o que já está pronto é outra.

Acontece que alguém precisa cuidar das demandas. De preferência, aliás, mais de uma pessoa, para que ninguém fique sobrecarregado. Com frequência a maior parte fica sobre a mãe. Mesmo quando não é mãe solo, e embora more na mesma casa que o pai do filho, ainda é ela quem assume praticamente sozinha todas essas exigências.

Se você é pai e está lendo este livro, registre no diário todas as demandas que imaginar vindas da criança, do lar e da vida em família. Anote tudo e, então, escreva ao lado de cada item quem é responsável por ele. Se notar que seu nome aparece poucas vezes, então você já tem um excelente ponto de partida para começar a trabalhar nos próximos dias e tornar a lista o mais equilibrada possível.

Contudo, se você é mãe e mora com a outra pessoa que também é cuidadora principal do seu filho, faça o exercício de observar e listar quais são as demandas, bem como quem se responsabiliza por elas. Pode ser desafiador, mas tente não julgar o que acontece nesse momento. Apenas liste.

Agora, se você é mãe solo e está lendo este livro (ou alguém que por qualquer motivo também exerce o papel de cuidador principal sozinho), é provável que todas as demandas estejam sob sua responsabilidade. Isso é absolutamente massacrante e sufocante. É muito triste que uma só pessoa precise ser a única responsável quando, na verdade, é preciso uma aldeia inteira para educar uma criança, como diz o provérbio africano. Por isso é tão importante o exercício anterior, a listagem da rede de apoio. Procure se concentrar nele para as demandas que você vê hoje e que podem ser compartilhadas com alguém de confiança.

COMO VOCÊ PERCORRE ESTA JORNADA?

Você já está há alguns dias comigo aqui nessa jornada, e essa é uma boa hora para observar como ela tem sido e como você a tem percorrido. Está fazendo as atividades de cada dia sozinho ou com mais alguém, seja essa pessoa a outra cuidadora principal do seu filho, alguém que faz parte da sua rede de apoio ou até mesmo outro pai ou mãe que sejam seus amigos e estejam trilhando a viagem com você, mas a distância?

É importante ter alguém para desabafar sobre as partes mais desafiadoras de cada tarefa e as reflexões que mais surpreenderam em um dado momento. Se você mora com um parceiro que participe da criação do seu filho, gostaria que ele fizesse parte disso? Pense no assunto e registre essa experiência. Caso esteja acompanhado, converse com essa pessoa sobre como as coisas têm se encaminhado. Será que existe abertura para ela fazer algo nesse sentido, ou há alguma resistência?

Infelizmente, é muito frequente, ao longo de tantos anos falando sobre parentalidade na internet, receber desabafos de mães que não sabem mais o que fazer para os pais de seus filhos se envolverem em uma atividade que esteja relacionada ao desenvolvimento de habilidades parentais. É muito triste (e revoltante, em certa medida) saber que tantos pais simplesmente optam por não se informar sobre suas funções de cuidado.

Minha intenção e esperança com este livro é conseguir convidar os pais homens para esse mergulho. Houve uma participação considerável deles nos grupos de foco, e todos relataram o quanto a jornada foi positiva para desenvolverem novas ferramentas e criarem uma percepção mais consciente sobre o que rodeia a relação entre pais e filhos.

Se, mesmo assim, a pessoa que divide os cuidados com seu filho não tiver interesse na jornada, não insista. Um mergulho profundo como este precisa ser dado com vontade genuína. Lembre-se de que a porta só abre por dentro. Registre tudo no diário, e também como você se sente em relação a isso, porque o que você sente é verdadeiro e deve ser acolhido.

Por fim, mesmo que não tenha com quem compartilhar a jornada, você ainda pode utilizar as redes sociais, fazendo postagens sobre como tem vivido a experiência e marcando a hashtag #poderdoafeto. Pode também visitar algumas postagens com essa marcação para ver como outros pais e mães percorreram a jornada e se inspirar também.

Sei que o desafio anterior pode ter sido difícil para você e que os exercícios que proponho agora também são complicados, mas é importante passar por isso para entender melhor como essas condições nos afetam. Parabéns por estar aqui hoje!

Então é hora de fazer o check-in diário! Lembre-se de que a meditação existe para ajudar, e não é só mais uma demanda a ser cumprida. Você merece esse momento, nem que seja uma sessão curta, de um minuto, focando apenas na sua respiração. Com o tempo, você vai conseguir estender isso, mas os benefícios são sentidos desde já.

EM RESUMO

- Registre como é a sua estrutura familiar. Você está casada com o pai do seu filho? Vivem todos juntos? Moram com a família extensa? É mãe ou pai solo?
- Tome nota do que pode ser considerado uma rede de apoio para você, lembrando que o pai, que deve dividir a responsabilidade de cuidado com a mãe, não é rede de apoio, é pai. Escreva sobre as coisas que você conseguiria fazer caso tivesse uma rede de apoio consistente.
- Liste como são as demandas do dia a dia nos cuidados do seu filho e quem se encarrega delas. Que pessoas se envolvem rotineiramente e quais poderiam participar?
- Como você tem percorrido esta jornada? Sozinho? Gostaria que seu parceiro ou parceira viesse junto? Há abertura para isso? Ou talvez outra pessoa próxima?

CHECK-IN DIÁRIO

☐ Como me sinto agora?
☐ Como foi o dia de ontem?
☐ Em que aspecto preciso de autocompaixão?
☐ Qual é o meu desafio do dia?
☐ Meditação para quem tem filhos.

DIA 6: AVALIANDO O HOJE COM SEU FILHO

Parabéns por estar aqui, remexendo em assuntos tão sensíveis e refletindo sobre tantas questões nas quais normalmente não pensamos.

Isso acontece porque quase sempre operamos no automático. Como eu e a Anne gostamos de dizer, estamos constantemente vivendo no modo de sobrevivência. Por mais que viver assim nos deixe menos exaustos, não é exatamente a forma mais equilibrada de se estar com os filhos.

Quando estamos no automático, não percebemos nem processamos bem o que está acontecendo ao nosso redor. As deixas que nossos filhos dão, aquelas que fornecem pistas de que estão começando a se descontrolar, passam batido. Só vemos quando eles explodem em uma erupção de raiva e frustração, aumentando bastante as chances de você também explodir com eles.

Por isso, este dia tem uma proposta um pouco mais leve, porque não vou fazer você revirar o seu passado em pleno sábado (caso esteja seguindo a ordem sugerida). Em vez disso, você fará um programa agradável com seus filhos, de preferência ao ar livre, como ir a um parque ou uma praça. Leve brinquedos, talvez lanche para um piquenique. Se o seu filho for um pouco maior, envolva-o no processo de decidir aonde irão e no preparo do lanche.

A atividade de hoje é basicamente essa, mas, se possível, deixe o telefone em casa. Essa é, inclusive, uma excelente forma de se preparar para a atividade de amanhã (o dia 7 da jornada). Não darei spoilers por ora, mas digamos que envolverá uma grande desconexão das distrações do mundo digital.

Quando eu pratiquei essa atividade pela primeira vez, foi extremamente libertador. Sempre que eu levava meus filhos a algum passeio, costumava ficar mais exausto do que o justificável apenas pelo ato de passear. Isso acontece porque há uma sobrecarga de informações além do passeio. O celular é um grande inimigo nessas horas, porque estamos mais preocupados em registrar a atividade em fotos e vídeos do que em realmente viver aquilo com os filhos, como se fôssemos ao evento de um dos nossos artistas preferidos e, em vez de viver a experiência intensamente, acabássemos assistindo ao show pela tela do celular, tentando gravar tudo para assistir de novo no futuro.

Este é um dos maiores dilemas da nossa existência atual: estamos constantemente lembrando o passado e ansiando pelo futuro, e não aproveitamos o presente. Quando temos filhos, surge um novo convite para mudar tudo isso e passar a viver o presente.

Eu costumava levar meus filhos à pracinha e dividir a atenção entre o celular e as crianças. Por isso, com frequência perdia momentos fofos de interação e não conseguia perceber os antecedentes de um possível conflito entre as crianças. Como os pais de filhos pequenos não podem contar muito com a sorte, esses conflitos explodem justamente quando você está distraído, fazendo algo muito importante no celular.

Era comum eu estar presente, mas não disponível. Só quando saí pela primeira vez com as crianças sem o celular pude relembrar como é maravilhoso estar presente e viver o momento com elas. É importante nos desligarmos um pouco das distrações para nos concentrarmos no que de fato importa. Não é humanamente possível lidar com TV, celular, demandas das redes sociais, grupo da família, fofocas de celebridades e, ao mesmo tempo, com tudo o que está fora da internet, como nossos filhos, nossa casa e o mundo ao nosso redor.

UM PASSEIO MINDFUL

A ideia aqui é que você faça uma atividade divertida com seu filho e busque se concentrar nos detalhes do passeio. Vamos chamar essa atividade de passeio mindful porque a proposta é que você esteja sempre presente, ciente do que está acontecendo ao seu redor, e não na palma da sua mão.

Nesse passeio, idealmente, você levaria um bloquinho de anotações. Pode ser até o seu diário, mas talvez isso seja mais complicado em termos de logística, especialmente se houver mais de um filho na jogada. De todo modo, considere levar um caderninho onde anotar suas observações ao longo do passeio. Se não conseguir deixar o celular em casa — seja porque é com ele que você solicita o transporte, seja porque está esperando uma ligação muito importante, ou por qualquer outro motivo —, não tem problema, pode fazer suas anotações no bloco de notas do aparelho. O importante aqui, no entanto, é que você se esforce ao máximo para não se distrair e se deixar absorver pelo vórtice das redes sociais.

Durante toda a atividade, esteja presente e consciente do que acontece. Tome nota de como foi o passeio. Atente para alguns pontos:

- Como foram os preparativos para sair de casa? Fáceis ou desafiadores? Seu filho participou da escolha do local do passeio e do preparo do lanche? Foi cooperativo na hora de se arrumar para sair ou dificultou? Por quê?
- Quantos "nãos" você disse? Não precisa anotar a quantidade exata, basta uma ordem de grandeza (isso vale para esta questão e para as seguintes).
- Quantas birras seu filho fez ou quantas explosões emocionais ele teve? Como você reagiu a elas, e como teria reagido se estivesse distraído com o celular, como normalmente estaria?
- Seu filho chorou? Quantas vezes? Como você lidou com esses momentos?
- Quantos gritos foram dados, por você e por seu filho? Qual a intensidade deles e que desdobramentos tiveram?
- Quantas vezes você perdeu o controle com seu filho? Por que isso aconteceu?
- O que deu muito certo nesse passeio? Relate algo extremamente positivo que você sentiu.
- O que deu muito errado? Como isso aconteceu? De uma hora para outra? Você consegue perceber uma motivação para essa situação ter ocorrido?

Se eu pudesse resumir a importância desse dia, diria que é preciso estar presente para receber os presentes da vida, ao mesmo tempo que estar presente é importante para agir quando os problemas acontecem. Depois que comecei a praticar o passeio mindful, percebi que a tendência era terminar menos cansado do que o habitual.

Isso aconteceu graças à diminuição de cobranças e distrações, que obrigam sua atenção a estar não só mais dispersa como também sobrecarregada. Hoje, dificilmente registro os passeios em minhas redes sociais, porque em geral o celular fica no bolso, e isso me faz extremamente bem. Espero que você também se sinta dessa forma.

No fim do passeio, separe um tempo para ler suas anotações e refletir sobre elas. Se você acha que gritou demais, tente analisar por quê, mas não de uma forma julgadora. Faça força para enxergar esses pontos com uma curiosidade genuína, quase inocente, a fim de entender de onde tudo isso vem.

Lembre-se de que não se trata do passeio perfeito, mas do passeio presente e atento, desses momentos especiais que você não vai mais perder porque viverá de perto. Ocasiões para as quais, mesmo quando algo dá muito errado, você estará atento o suficiente, lidando com os desafios da melhor forma possível.

Espero que você esteja orgulhoso de si mesmo, porque isso é um feito considerável, ainda mais para quem tem muitos filhos. Quantas vezes você deixou de fazer algo por si próprio por causa deles? Essa é uma das coisas que você faz por você, mesmo que tenha relação com os seus filhos.

Amanhã terminamos a nossa primeira semana, e, se você está seguindo a jornada, será domingo, dia de praticar uma atividade muito importante como desdobramento do que fizemos hoje: um detox digital. Normalmente não sugiro que você leia a atividade seguinte na véspera, mas, como ela envolverá certa organização e disciplina, é bom ter noção do que o aguarda.

Para encerrar o sexto dia, um lembrete gentil: faça o check-in diário, reserve alguns poucos minutos do dia para meditar e avaliar como você está se sentindo. É importante!

EM RESUMO

- Planeje um passeio especial com seus filhos, desde a escolha do local até o preparo do lanche. Envolva-os nesse planejamento.
- De preferência, deixe o telefone em casa para aproveitar o passeio mindful, mas leve um bloquinho para tomar notas.
- Perceba quantos "nãos" você disse, quantas birras seu filho fez, quantas vezes ele chorou, quantas vezes você ou seu filho gritaram, quantas você se descontrolou e os melhores e piores momentos do passeio. Relembre como você reagiu a cada um dos desafios.

CHECK-IN DIÁRIO

- ☐ Como me sinto agora?
- ☐ Como foi o dia de ontem?
- ☐ Em que aspectos preciso de autocompaixão?
- ☐ Qual é o meu desafio do dia?
- ☐ Meditação para quem tem filhos.

DIA 7: O DETOX DIGITAL

Sempre tive a desculpa perfeita para deixar o celular por perto: eu trabalho na internet. Produzo conteúdos em textos e vídeos há tantos anos que o aparelho era mais do que uma extensão minha, era também uma ferramenta valiosíssima de trabalho.

Preciso verificar as mensagens que recebo, acompanhar as discussões que acontecem no universo da parentalidade! E se chegar uma mensagem com uma proposta de trabalho urgente e irrecusável? E se surgir uma polêmica que eu precise comentar urgentemente? E se... E se... E se...?

No meio de tantos "e ses", com tanto medo de perder o que estava acontecendo no mundo, eu perdia coisas bem mais valiosas: os convites que meus filhos me faziam para ficar com eles em um nível mais profundo de conexão. Você sabe bem do que estou falando. Não é que fiquemos literalmente o dia inteiro no celular e nossos filhos sejam negligenciados. Não estou falando desse extremo, mas da atenção dividida que damos ao que acontece nas telas e o que acontece com nossos filhos. É quando respondemos uma pergunta deles sem nem tirar os olhos da tela. É o que chamo de parentalidade distraída, um dos maiores inimigos da parentalidade mindful, que busca estar presente, vivendo o hoje, para criar vínculos profundos e seguros com os filhos.

Eu mesmo só comecei a prestar atenção nisso quando duas situações ocorreram. A primeira foi quando o Dante, depois de contar algo sobre algum desenho animado de que ele gostava muito, disse:

— Pai, você fica o tempo todo nesse telefone.

Eu podia sentir a decepção no olhar dele. Era gritante em suas palavras a necessidade de conexão. Me senti envergonhado, como quando alguém é pego fazendo algo muito errado — que era exatamente o meu caso. Apertei o botão de desligar imediatamente, um pouco na defensiva, mas não tirei a razão dele.

— É verdade, filho, você tem razão. Desculpe. Vou ficar mais atento e não pegar mais tanto o telefone.

A segunda situação que me mostrou que eu tinha um problema foi quando os celulares começaram a exibir uma nova função: o tempo diário de uso. Assim que ficou disponível, fui correndo verificar minha média diária, com um certo receio, meio na negação, e dizendo a mim mesmo que não devia ser tanto assim.

Eu ficava, em média, seis horas por dia no telefone. Essa informação tirou o meu chão: eu não imaginava que era tanto, e por mais que tivesse todas as desculpas por trabalhar na internet, isso me deixou mal. A conta não fechava: se eu trabalhava oito horas por dia, cuidava dos meus filhos, fazia meus trabalhos de criação de conteúdo na internet e ainda ficava seis horas no telefone, algo estava errado. A conta nem tinha como fechar, porque o dia continua tendo apenas 24 horas. A verdade estava ali, escancarada: eu sofria do que chamo de síndrome da parentalidade distraída.

O que sabemos claramente hoje é que os celulares são, sim, muito úteis. Não é uma questão de abandonar todos os benefícios dessa tecnologia, voltando aos antigos modelos que só faziam telefonemas e enviavam SMS. O que precisamos fazer, e é extremamente difícil, é encontrar uma forma saudável e equilibrada de se beneficiar dessa ferramenta.

Pense bem: quantas vezes você já perdeu a paciência e até gritou com seu filho porque ele estava atrapalhando algo muito importante que você estava fazendo no telefone? Quantas vezes essas coisas eram mesmo necessárias? Por experiência própria, eu diria que são raras as vezes. Nossa maior dificuldade é lidar com a ansiedade, o medo de perder algo que está acontecendo nesse exato momento enquanto estamos sem o celular e com os nossos filhos. Só não percebemos que também perdemos — e muito — quando estamos com o celular e sem os nossos filhos.

QUANTO TEMPO VOCÊ FICA NO CELULAR?

Esta já é sua primeira atividade do dia: vá nas configurações do seu telefone, não importa o modelo, porque todos exibem informações sobre tempo de uso. Alguns aparelhos fornecem dados mais detalhados, como a distribuição das horas ao longo do dia ou que tipo de aplicativo você mais utiliza. O importante, no entanto, é observar a quantidade média de horas que você passa na frente dessa pequena tela. Anote essa informação no seu diário e reflita sobre como se sente a respeito. Você já imaginava ou foi pego de surpresa? Tente recordar quantas vezes já dividiu sua atenção entre o celular e os filhos.

Houve algum momento em que seu filho reclamou da parentalidade distraída? Escreva sobre tudo isso, e principalmente sobre como você está se sentindo agora. Talvez tenha todas as justificativas para ficar esse tempo todo no telefone, talvez não, mas tente não cair no poço sem fundo da culpa. Ela não vai nos ajudar, já que agora precisamos de ação e a culpa é paralisante, lembra?

Pense que o seu objetivo, agora, é diminuir essa média. Não quero sugerir metas, porque o que importa no momento é a jornada, e ela precisa ser leve, de conexão. Da mesma forma que dietas para perder peso tendem a não funcionar quando são rigorosas demais, tomar decisões drásticas quanto ao uso do telefone também não será eficiente.

CONHEÇA SEUS INIMIGOS

Agora você precisa refletir um pouco sobre quais são os gatilhos que fazem você pegar o celular. São os grupos de conversa? As redes sociais? Discussões em listas de e-mail?
Ou será que é simplesmente inabilidade para ficarmos simplesmente conosco ou com os nossos filhos? Nossa incapacidade de lidar com o ócio? Ou nosso desconforto de lidar com desconhecidos quando entramos em um elevador? O que gera essa necessidade para se agarrar ao celular como um náufrago procura um colete salva-vidas? Do que você deseja se salvar?
Tente escrever sobre isso, sobre quais são os seus inimigos quando se trata de desenvolver uma parentalidade mais presente. Lembre-se de não fazer juízos de valor, apenas reconhecer, registrar, perceber.

REDUZINDO AS ARMADILHAS

Os celulares evoluíram bastante, mas pouca gente reparou que os aplicativos também. Hoje, um dos maiores objetivos das plataformas sociais, aplicativos e dispositivos é a retenção, ou seja, a quantidade de tempo que o aplicativo consegue manter você ali, ligado nele. Um aplicativo não envolve apenas a participação de programadores, mas de pessoas que conhecem psicologia e comportamento humano justamente para saber quais as melhores formas de prender sua atenção em uma linha do tempo infinita de vídeos curtos que você nem sabia que precisava assistir, mas que são simplesmente irresistíveis. Com a divulgação de tantos conhecimentos sobre neurociência, é de esperar que se desenvolvam aplicativos que saibam exatamente do que os nossos cérebros precisam para ficar conectados a alguma coisa.

Infelizmente, a verdade é esta: celulares são cada vez mais irresistíveis, e uma das formas de lidar com isso de modo saudável é gerenciar o que mais nos impacta. Algo que acontecia comigo constantemente era pegar o telefone para responder a um e-mail e, enquanto desbloqueava o aparelho e buscava o ícone do aplicativo, surgia a notificação de uma nova mensagem numa rede social. Isso me gerava um leve gatilho de ansiedade que me fazia clicar na notificação para saber que mensagem era aquela. Quando me dava conta, já estava há meia hora nesse aplicativo até perceber que precisava fazer outra coisa, já nem me lembrava do quê.

Foi então que percebi que eu tinha de agir, fazer mudanças que me ajudassem. Cheguei a um conjunto de dicas que podem auxiliar quem também quer um uso mais equilibrado do telefone:

- Desative as notificações. Já ficou bem claro como são perigosos os avisos que aparecem de segundo em segundo chamando a sua atenção para pular de um aplicativo para outro. Verifique nas configurações como desativar as notificações que aparecem em formato de banner, mas também as que mostram a quantidade de mensagens não lidas, por exemplo. Confie em mim, isso só serve para gerar ansiedade. Eu tenho essas funções desativadas há anos, e a vida é muito mais simples: não preciso saber a quantos e-mails preciso responder, vou lidar com eles quando for a hora de abrir a caixa de entrada na minha rotina diária.

- Use o modo noturno o dia inteiro. Os celulares têm esse modo que costuma ser ativado automaticamente à noite. Estou sempre com ele ativado, de dia ou à noite, porque isso também reduz bastante a quantidade de informações com as quais você é bombardeado enquanto usa o telefone. Vale a pena testar.

- Cores podem ser perturbadoras. As cores que cada aplicativo usa também são muito bem pensadas para atrair sua atenção, então uma coisa que fiz no início do meu processo de entender o melhor uso do celular foi habilitar uma função que deixa a tela em tons de cinza. Talvez isso não faça o menor sentido para você, mas garanto que é uma ótima forma de começar, porque sem as cores você não se sente tão estimulado a olhar para a tela. Isso não é algo que eu faça sempre, mas é uma função a que recorro quando preciso de uma ajudinha para reduzir a duração de cada período no telefone. Essa configuração em geral fica no menu de acessibilidade do aparelho.

- Alguns aparelhos permitem que você configure um limite de tempo diário de cada aplicativo, o que ajuda a reduzir o tempo em determinadas redes sociais, por exemplo, sobretudo nos primeiros dias, enquanto você tenta reduzir os acessos.

O TÃO ESPERADO DETOX

Se você está seguindo a jornada dia a dia, hoje é domingo, e nada melhor que um detox digital para curtir. Eu proponho que isso seja feito num domingo porque as chances de você precisar usar o telefone para emergências ou trabalho são menores, mas fique à vontade para tentar o detox no dia em que tiver uma folga mais consolidada.

Certamente você está pensando que não vai conseguir, e que essa parte da atividade é besteira. Alguns pais e mães dos grupos de foco acharam a mesma coisa. Eu mesmo, antes de fazer o detox pela primeira vez, tive as minhas dúvidas. Porém, a realidade é que precisamos de um dia sem celulares, tablets ou computadores para perceber que conseguimos.

A proposta, como eu já disse, não é abandonar completamente as telas, mas perceber o quanto a vida pode ser mais rica quando não estamos o tempo inteiro perdidos nelas. Os telefones são ótimos ao permitirem que estejamos próximos de pessoas distantes fisicamente e ao nos dar acesso às informações de que precisamos com uma rapidez impressionante, mas tudo tem um preço. O celular deve ser nosso aliado, não uma prisão, muito menos uma muralha entre nós e nossos filhos.

Por isso, proponho que você deixe o seu celular desligado hoje. Se não puder, porque seu trabalho exige que a qualquer instante você possa receber um telefonema urgente, ou por alguma particularidade da sua vida familiar, deixe-o ligado, mas longe de você. Coloque-o no alto da estante da sala, na cômoda do quarto ou mesmo na mesa da sala de jantar. Se o aparelho ficar ligado, desative todas as notificações para não gerar gatilhos; ele só vai tocar quando receber uma chamada.

Acredite em mim, é angustiante nos primeiros minutos e horas. Parece que você está sem uma parte sua, como relataram alguns pais e mães dos grupos de foco. A dica é pensar em atividades para fazer com seus filhos, e não ficar pensando no celular o tempo inteiro. Vá à pracinha (e deixe o telefone em casa), monte um quebra-cabeça, faça bolhas de sabão, tome um banho de mangueira, leia aqueles livros infantis que estavam pegando poeira, faça um bolo! São muitas as possibilidades de atividades divertidas, e, claro, você vai precisar lidar com o ímpeto de pegar o telefone para fotografar, filmar e postar em seus stories. Sempre que sentir esse impulso, pense que este dia é para ser lembrado no coração, não no celular.

No final do dia, pense sobre como foi a experiência e escreva no seu diário. Foi muito difícil e angustiante? Você se sentiu aliviado quando acabou? Todas as vezes que eu faço isso, minha sensação é de estar mais leve no fim, e me lembro de que todo esse excesso de informação e de estímulos realmente nos esgotam. Também fico com a impressão de que o dia teve mais horas de duração e que o aproveitei mais com meus filhos.

Se você não teve uma experiência positiva no geral, não tem problema, não é uma obrigação curtir tudo. Talvez você nem tenha conseguido ficar o tempo todo fora do celular. Se for o caso, esse é o momento de praticar a famosa autocompaixão e compreender por que isso aconteceu e por que foi tão difícil para você, afinal, não é nada fácil se desligar de algo que está praticamente o tempo todo nas nossas mãos.

E DEPOIS?

Agora você já sentiu na pele como é difícil lidar de forma equilibrada com as telas e, provavelmente, sentiu os benefícios de estar longe do celular. Daqui em diante, faça um convite a si mesmo e escolha alguns dias para o detox. Pode ser uma vez por semana, por mês, mas se empenhe em fazer essa rotina acontecer, como uma forma de limpar a mente e se lembrar do que é essencial.

Além disso, precisamos estar atentos a como usar o celular no dia a dia. Trago como sugestão os 3 Quês, que conheci pelo trabalho de Catherine Price em seu livro *Celular: Como dar um tempo*, para ajudar a controlar nossos impulsos de simplesmente pegar o telefone sem motivo algum.

Sabe quando você está em algum lugar qualquer e, automaticamente, pega o celular sem nem se dar conta? É esse impulso que precisamos entender e controlar. Sempre que sentir a sua mão indo em direção ao telefone, pergunte-se sobre os 3 Quês numa perspectiva mindful:

- Para quê? Essa primeira pergunta é para refletir sobre por que você está pegando o telefone agora. É para responder a um e-mail? Para pedir comida? Porque está entediado e não aguenta mais segurar o bebê no colo? Porque precisa se manter acordado?

- Por que agora? Essa pergunta é importante para entender por que você precisa pegar o celular neste exato momento. Para pedir comida, porque está na hora do almoço? Será que o e-mail precisa mesmo ser respondido agora?

- O que mais? Aqui você vai exercitar as alternativas ao celular. Se precisa se manter acordado, que tal levantar e jogar uma água no rosto ou tomar um café? Se o problema é o tédio com o bebê, que tal colocá-lo em um canguru e dar uma volta no quarteirão? Passar na padaria, talvez, e conversar com outras pessoas?

Aos poucos, você vai perceber que na maioria das vezes em que pega o telefone é para fazer algo, digamos, não essencial. A proposta é tornar isso um hábito e sempre se perguntar sobre o que é realmente importante e o que você está sentindo quando pega o celular. Se, depois de responder a essas perguntas, você ainda precisar do telefone, não tem problema, porque pelo menos agora você está fazendo um uso consciente dele.

Com isso, terminamos a primeira semana da nossa caminhada. Parabéns para você que chegou até aqui e, principalmente, que acabou de vivenciar esse dia tão intenso do detox digital! As próximas semanas o aguardam com muitas outras atividades, para você praticar e sentir como é encontrar o equilíbrio entre as relações da sua vida e seus filhos.

E mais um lembrete de amigo: não se esqueça do check-in diário. Há muita coisa em que pensar nesse dia tão intenso. A meditação no fim de um dia de detox digital é uma combinação excelente.

EM RESUMO

- Comece entendendo o uso que você faz do celular. Quantas horas, em média, passa diante da tela? Explore as funções do seu aparelho para fazer um raio X de como usa essa tecnologia ao longo do dia.
- O que faz você usar o telefone? Além do trabalho e de conversar com familiares, que gatilhos são acionados para pegar o aparelho e utilizá-lo por tanto tempo? O que prende você diante da tela?
- Mergulhe nas dicas para ajudar você a lutar contra a sedução das telas, desde a desativação de notificações até o uso do modo noturno o dia todo. En-

tenda o que podemos fazer para resistir melhor às armadilhas da tecnologia. Conheça também algumas técnicas para utilização esporádica, como ativar a tela em tons de cinza ou estabelecer um limite diário de tempo por aplicativo.

- O momento que todos temem: passar o dia inteiro sem as telas. Desligue o celular, ou deixe-o bem longe de você, e tente passar o máximo do tempo sem contato com telefones, tablets e computadores. Faça atividades com seu filho, como brincar ao ar livre ou fazer um bolo. Não se preocupe em tirar fotos ou fazer stories: o que importa ficará registrado na sua memória.
- Planeje uma rotina de pequenos dias de detox ao longo das semanas e dos meses para limpar um pouco a mente de tanto estímulo. E conheça o uso mindful dos celulares, que envolve se perguntar os 3 Quês (Para quê? Por que agora? O que mais?) todas as vezes que sentir um impulso de pegar o telefone.

CHECK-IN DIÁRIO

☐ Como me sinto agora?
☐ Como foi o dia de ontem?
☐ Em que aspecto preciso de autocompaixão?
☐ Qual é o meu desafio do dia?
☐ Meditação para quem tem filhos.

Semana 2
Mãos à obra

Começamos nossa segunda semana da jornada, e espero que você continue empolgado com as tarefas! A proposta geral para os próximos dias é que você ponha em prática muitos dos conceitos já estabelecidos neste livro e que envolvem teorias da criação com apego, neurociência, disciplina positiva e mindfulness. Como vamos nos concentrar mais na prática, você vai perceber que a descrição de cada dia será mais curta em comparação à semana anterior. Mas não se engane, as propostas não deixam de ser tão potentes e transformadoras quanto as do começo.

Ao longo dos próximos sete dias, vou sugerir ferramentas que salvam inúmeras famílias diariamente, mas sempre com o intuito de fortalecer os vínculos que temos com os nossos filhos e, principalmente, de trazer o equilíbrio e prazer para nossas tarefas parentais do dia a dia. Você vai continuar utilizando o diário, mas com menos intensidade e profundidade na escrita, porque agora o foco é a vivência. No entanto, você sempre será convidado a registrar como percebeu cada tarefa, se alguma foi mais desafiadora que outra ou se teve algum momento "Ahá!".

O que eu chamo de momento "Ahá!" é justamente aquele em que você se dá conta de algo incrível, que nunca havia pensado antes, mas que agora faz todo o sentido. É o que muitos chamamos de "momento explosão de cabeça", mas prefiro usar o som que costumamos soltar ou pensar quando passamos por uma situação dessas:

— Ahá!

Espero que você tenha muitas ocasiões assim ao longo dos próximos dias, e obviamente não podemos esquecer que o check-in diário continua imprescindível. A ideia é que ele esteja tão incorporado na sua rotina que, mesmo depois de concluir nossa jornada, você continue praticando esse pequeno roteiro de autocuidado.

Para você já ter uma noção do que o aguarda, aqui vão os nomes das atividades dos próximos dias:

8. Mudando a perspectiva;

9. O abraço que contorna e acolhe;

10. Cogitando o "sim";

11. Encontrando regulação na rotina;

12. Combinado não sai caro;

13. Acolhimento que transforma;

14. Reparando a colcha de retalhos.

E aí, pronto para arregaçar as mangas?

DIA 8: MUDANDO A PERSPECTIVA

Lembro como se fosse ontem quando eu tinha dois filhos. Sim, minha referência de tempo é a quantidade de filhos — eu realmente não consigo memorizar mais os anos em que as coisas aconteceram, apenas quantos filhos eu tinha na época, o que já ajuda bastante a contextualizar, se você parar para pensar. Na época, o Gael era um bebê e o Dante tinha seus quatro anos. Eu e a Anne ainda estávamos no furacão que é entender essa nova vida de ter mais de um filho e tentando ajudar o Dante a passar por tudo aquilo da melhor forma possível, afinal, receber um irmãozinho não é das tarefas mais fáceis.

Para o mais velho, é como se ele estivesse perdendo tudo para um bebê: a disponibilidade, a atenção, o afeto. Ele quer ser visto. É comum se sentir invisível, e isso para qualquer criança é bastante desafiador, porque as crianças precisam saber que são vistas. Que são importantes e fazem parte da família.

Depois de um dia bem difícil para o Dante, em que eu e a Anne estávamos exaustos de gerenciar tantas demandas, resolvi tentar algo diferente e conversar com ele sobre o que estava acontecendo. Cheguei e disse:

— Filho, tem dias em que tudo é muito difícil para você, né? Tem dias que ter um irmão é difícil, eu vejo isso.

Lembro com riqueza de detalhes como o Dante mudou. Sua expressão se transformou, seus ombros cederam um pouco, como se ele estivesse relaxando pela primeira vez em muito tempo.

— Sim, papai, é muito difícil pro Dante.

Durante muito tempo, nossos filhos não se sentem compreendidos e muito menos vistos. Isso é doloroso para eles porque, com o tempo, não apenas se sentem incompreendidos como também desconectados de nós, pais e mães. Por isso, nosso objetivo hoje é simplesmente mostrar para os nossos filhos que nós os vemos. Só que, para isso acontecer de forma genuína, precisamos realmente enxergá-los:

parar, reduzir as distrações, olhar para nossos filhos, perceber seus movimentos, tentar entender suas dores e decifrar seus comportamentos.

Parece difícil, e é, a princípio, mas quanto mais praticamos, mais fácil fica.

ENXERGUE SEU FILHO

Separe um tempo longe das telas, de preferência, para observar seu filho. Fique vendo-o brincar ou mexer em alguma coisa. Tente se lembrar de situações que aconteceram mais recentemente em que ele teve alguma crise de choro, fez birra ou demonstrou algo que costumamos chamar de "mau comportamento".

Mude a perspectiva e enxergue o mundo através dos olhos dele. Por que será que fez aquela birra mais cedo? Por que será que chorou tanto para vestir o uniforme? Será que não queria ir para a escola, ou talvez estivesse passando por uma breve ansiedade de separação, imaginando que ficaria um longo tempo longe de você? Lembre e reflita sobre situações como essa.

FAÇA UMA SIMPLES PERGUNTA

Agora, chegue para o seu filho e apenas diga:
— Filho, às vezes é difícil ser criança, né?

Diga só isso e aguarde. Perceba a reação do seu filho, os sinais do rosto e do corpo. Ouça o que ele diz a seguir. Pode ser que não responda nada e fique confuso, ainda mais se a situação for inédita para você e para ele.

Você pode continuar falando, para ele entender que o que você diz não é da boca para fora:

— Sabe, eu estava pensando aqui, olhando para você, que deve ser difícil ser criança.

É importante lembrar que você precisa adaptar a linguagem para as especificidades e a idade da criança, afinal, cada um sabe a melhor forma de o filho entender a mensagem, mas a ideia é justamente essa: fazer com que ele saiba que você o vê. Você pode continuar falando sobre alguma situação anterior, como a birra para se arrumar para a escola.

Outra possibilidade é usar lembranças da sua própria infância como uma forma de fazê-lo perceber que você já foi criança e que lembra como também era difícil.

— Eu estava lembrando de quando eu era criança, e era muito difícil quando meus pais chegavam para mim no meio da brincadeira e diziam que era hora de ir embora. Eu ficava muito triste e com raiva também. Eu queria fazer as coisas e nunca deixavam.

Essas são apenas sugestões de diálogo. O mais importante é observar o que o seu filho responde, seja em falas ou gestos. Esse será o grande fio condutor dessa conversa que deve acontecer em vários momentos ao longo desse dia.

No decorrer do tempo e das situações, revisite esses diálogos com frases curtas, mostrando que você percebe que não é nada fácil ser criança. Mas lembre-se: essas trocas precisam ser genuínas, então cuidado com o tom das falas para que não pareçam falsas. Se você perceber que está indo por esse caminho, pare e volte à reflexão inicial do dia, porque isso irá provocar o efeito contrário: desconexão.

Quanto mais você pratica esse exercício, mais você se conecta ao seu filho através da experiência de vida dele, aprofundando seu vínculo. Com isso, a criança se sente percebida, vista, amada por você. E quando a criança se sente assim, a tendência geral é que o comportamento dela melhore, pois uma das maiores causas de mau comportamento é uma necessidade intrínseca da criança de se sentir integrada e importante.

Como não tem ainda o desenvolvimento cognitivo nem a inteligência emocional para pedir ajuda de forma socialmente aceitável, a criança que se sente invisível apresentará comportamentos que com frequência são vistos como "criança que quer atenção". Não deixa de ser verdade, mas provoca uma resposta equivocada dos pais, que tendem a não dar o que o filho quer porque ele fez isso lançando mão de um comportamento inaceitável.

Precisamos entender que atenção é uma das necessidades básicas da criança, e puni-la apenas por não saber pedir da maneira adequada faz tanto sentido quanto punir uma criança que fez algo errado por estar com fome deixando-a passar mais fome.

Caso você tenha um filho não verbal, seja porque é um bebê que ainda não aprendeu a falar, seja porque é uma criança que não se comunica verbalmente, lembre-se de que isso não diminui o poder dessa atividade: nossos filhos sempre necessitam saber que são vistos por nós. E entendem o que dizemos, não importa a forma.

Até mesmo o bebê, que chora sem um motivo que você consiga compreender, também pode ouvir um:

— O papai sabe que é muito difícil ser um bebê, né, filho?

Um bebê pequeno pode não saber o real significado dessas palavras, mas vai perceber o tom acolhedor da sua fala, o que já se torna um fator importantíssimo para a sua parentalidade daqui em diante.

Chegamos ao fim do primeiro dia da segunda semana. Por mais que a atividade seja prática, ela traz algumas reflexões importantes que você pode levar para o seu diário. Saiba também que o check-in diário o aguarda! São alguns minutinhos do dia que farão diferença no total, como você já deve ter notado até este ponto.

EM RESUMO

- Observe o seu filho em todas as demandas e dificuldades que ele apresenta. Mude a perspectiva e entenda como foi passar pela crise emocional mais recente do ponto de vista dele. Conecte-se através do que ele deve ter vivido.
- Faça uma pergunta simples, mas que muda tudo — "Filho, às vezes é difícil ser uma criança, né?" —, e observe a resposta verbal e não verbal. Tenha interações como essa ao longo do dia e sinta o efeito positivo na sua conexão e no comportamento do seu filho.

CHECK-IN DIÁRIO

- ☐ Como me sinto agora?
- ☐ Como foi o dia de ontem?
- ☐ Em que aspecto preciso de autocompaixão?
- ☐ Qual é o meu desafio do dia?
- ☐ Meditação para quem tem filhos.

DIA 9: O ABRAÇO QUE CONTORNA E ACOLHE

Quando o Dante nasceu, uma das primeiras coisas que aprendi (e provavelmente uma das mais importantes) foi a função do colo. Ele é fundamental para o desenvolvimento seguro da criança e para formar o vínculo entre pais e filhos. E, ao contrário do que as pessoas dizem, colo não vicia o bebê. Colo, toque e abraço são necessidades básicas, e não apenas dos bebês, mas das crianças e de nós mesmos, adultos.

O colo que ofereci ao Dante acabou se transformando em outras formas de contato físico afetivo, como o abraço e, principalmente, hoje, no auge dos seus dez anos de idade, que evoluiu para o que chamo de aconchego. Sabe quando você está assistindo a um filme na TV e de repente vem o seu filho se chegando até que fica recostado em você no sofá, como se estivesse se aninhando ali? É exatamente o que considero a forma "crescida" do colo que damos aos nossos filhos quando são bebês. Hoje, pelo tamanho, só consigo dar colo mesmo para minhas duas filhas, Maya e Cora, que ainda são pequenas. No entanto, os mais velhos ainda precisam desse contato sob a forma de aconchego. E vamos combinar, nós também precisamos de aconchego.

Pode parecer bobeira dedicar um dia inteiro da nossa jornada a explorar isso, mas é muito importante que você reflita: o colo não é algo que oferecemos aos bebês apenas porque são completamente dependentes de nós. Na verdade, o colo significa muitas coisas.

- Afeto físico: é no toque que o bebê sente o calor do corpo dos pais, se acalma e se sente seguro em um mundo que, sob a perspectiva dele, é simplesmente grande demais, barulhento demais, assustador demais, frio demais.

- Contorno: é com o nosso corpo que oferecemos os limites tão necessários aos nossos filhos desde que são bebês até quando estão mais velhos mas ainda não conseguem se regular emocionalmente, precisando de um amparo físico que lhes dê segurança.

- Acolhimento: essa talvez seja a função mais conhecida do colo, quando literalmente abraçamos nossos filhos com a intenção de fazer com que se sintam abrigados, compreendidos, validados.

Como o colo (ou o abraço, para crianças mais velhas) tem funções tão distintas e poderosas, dedicaremos o dia de hoje a entender como um simples colo (ou abraço) é tudo de que precisamos para resolver boa parte dos conflitos de comportamento no dia a dia.

ABRAÇO COMO AFETO

O psicanalista britânico John Bowlby, que criou a teoria do apego na década de 1970, nos apresentou uma noção revolucionária: o vínculo é uma necessidade humana básica. A partir de seus estudos e de outros realizados por nomes muito importantes na área, como o de Mary Ainsworth, ficou claro como os bebês, em especial, precisam de contato físico, disponibilidade emocional e presença de um cuidador principal para atender as suas necessidades para além das fisiológicas.

Bebês e crianças que eram criados sem ter suas necessidades afetivas e emocionais atendidas sofriam graves consequências na saúde em geral, em particular na saúde mental. Por isso é tão importante sempre lembrar: o colo não vicia o bebê, mas o salva de se perder emocionalmente em um mundo frio e distante.

Portanto, a proposta para hoje é que você ofereça mais colo ou abraços do que normalmente dá para seu filho. Se você costuma dedicar esse contato físico apenas quando seu filho solicita, ofereça-o espontaneamente algumas vezes ao longo do dia. Se você tem um bebê, não espere que ele chore para ir para o seu colo; tente pegá-lo em momentos distintos. Se já for uma criança maior, crie momentos de contato afetivo:

- Faça uma brincadeira de cócegas e de agarrar, sempre lembrando de entender que esse tipo de contato precisa do consentimento da criança, e que de repente ela pode deixar de se divertir com o agarramento. Essa é a hora de parar.

- Dê um abraço espontâneo enquanto a criança está brincando sozinha e aproveite para dizer coisas como "Eu adoro abraçar você, filho", ou "Sabia que quando você era um bebê cabia no meu braço e vivia no meu colo? Mas que hoje eu consigo te dar uns abraços apertados que adoro?".

- Proponha uma sessão de cinema em casa e abuse do aconchego, como expliquei no início deste capítulo: deixe seu filho se encostar em você ou deitar nas suas pernas enquanto você acaricia seus cabelos, por exemplo.

Tudo isso é extremamente importante não apenas para o fortalecimento dos vínculos, mas também para reabastecer o reservatório emocional dos nossos filhos. Exerce um impacto direto no comportamento deles, porque é muito mais fácil lidar com os afetos quando não estamos drenados emocionalmente. É muito mais fácil lidar com situações desafiadoras quando a criança sabe que é amada e importante para você.

Aqui vale um aviso: talvez isso seja difícil para você porque não teve tanta oferta de contato físico afetivo na infância quanto gostaria, e eu realmente entendo como é duro quebrar esse ciclo. Porém, o simples fato de você estar aqui, percorrendo esta jornada comigo, já me diz que você quer muito quebrá-lo. Quando chegar a hora, você verá como isso também terá um efeito curativo em você.

O ABRAÇO COMO LIMITE

Há quem diga que abraço é apenas afeto, e limite é o oposto do amor. Muito pelo contrário: limite também é amor. Quem dá limites e contornos para os filhos também está demonstrando sinais de amor, uma vez que esses pais se colocam em um lugar de autoridade efetiva (e não autoridade pelo medo) para ajudar os filhos a se organizarem interna e mentalmente quando ainda não estão preparados para isso. Portanto, sim, o nosso corpo também pode ser limite, e esse limite também é amor para os nossos filhos, desde que estabelecido de forma não invasiva nem violenta, claro.

Para explicar melhor esse conceito, vamos recorrer à neurociência, mas sem mergulhar demais. Não é minha intenção aqui me aprofundar nas teorias do funcionamento do cérebro, por mais fascinantes que sejam, por dois motivos: há livros excelentes já publicados que abordam esses temas com maestria, como *O cérebro do bebê*, de Daniel Siegel e Tina Payne Bryson; e você, que tem um ou mais filhos, assim como eu, não deve dormir bem já há algum tempo. Então não adianta trazer um monte de termos e nomes de partes do cérebro e suas funções que, assim que virar essa página, você já terá esquecido (pelo menos é o que acontece comigo).

Por isso, faço uma analogia que acho interessantíssima, do próprio Daniel Siegel. Pense em nosso cérebro como uma casa de dois andares. No primeiro andar, está a parte mais primitiva, responsável pelos instintos principais, como respirar, mas também pelas emoções mais fortes, como raiva, e sobretudo pela forma como respondemos rapidamente a ameaças; ou seja, é a parte que vai entrar em ação quando vemos um rato imenso correndo em nossa direção e decidimos se vamos fugir, congelar ou lutar (no meu caso, está mais para fugir e gritar).

A parte de baixo dessa casa atua como a fundação da construção inteira; por isso, é a parte que fica pronta mais cedo, onde a criança passa a maior parte do tempo, afinal, ninguém gosta de viver em uma casa em obras, a não ser quando necessário. Já o andar de cima representa o cérebro racional, o lugar responsável pelo nosso pensamento lógico, pelas tomadas de decisão, planejamento, empatia e sobretudo pela regulação das nossas emoções e o controle dos impulsos. Essa é a parte mais evoluída do cérebro, o lugar mais complexo da nossa casa, e por isso demora a ficar pronta: só amadurece por volta dos 25 anos de idade.

Sendo assim, a criança não pode utilizar os recursos do andar de cima porque ainda não estão construídos. Muito menos consegue integrar os dois andares da casa, e é justamente aí que entramos nós, os pais: precisamos ser os integradores, como se instalássemos um elevador e fôssemos os ascensoristas, guiando gentilmente nossos filhos pelo segundo andar e ajudando-os a entender por que, tantas vezes, a parte de baixo da casa fica uma bagunça.

Compreender isso é fundamental, porque nos ajuda a ajustar as expectativas ao que nossos filhos podem realmente oferecer. Quando o Dante era mais novo e puxava o rabo do gato mesmo depois de ouvir mil vezes que não podia, não sabia me responder por que fazia aquilo. Eu perguntava, impaciente:

— Por que você fez isso?

E ele dizia:

— Não sei!

E não sabia mesmo, respondendo mais assustado com minha reação do que com qualquer outra coisa. Hoje, aos dez anos, ele ainda faz isso:

— Dante, por que você jogou essa bola na cara do seu irmão?

— Eu não seeeeei!

Agora, mesmo com o cérebro ainda imaturo, ele já consegue perceber que não sabe por que faz certas coisas e fica ainda mais indignado ao reconhecer que não é algo legal, mas que ele simplesmente faz. É importante termos essa perspectiva porque nos lembra que nossos filhos não são pessoas ruins, só estão tentando fazer o melhor com o que têm em termos de desenvolvimento.

Qual é a solução, então? Alinhar expectativas e decidir o que você vai fazer, não o que o seu filho deve (ou não) fazer. Essa é a chave fundamental para se colocar como uma autoridade eficiente para o seu filho e ser o ascensorista que ele precisa que você seja. Hoje, então, você vai praticar como ser o limite físico em diversas situações:

- Se seu bebê está mordendo seu peito, ponha a mão na frente e diga, firme e gentilmente: "Eu não vou deixar você me morder, fique aqui do meu lado para nos acalmarmos".

- Se seu filho está puxando o rabo do gato, ponha-se entre o gato e ele, contenha-o e diga: "Não vou deixar você machucar o gato, vou levar ele para dentro do banheiro, onde vai ficar seguro. Sei que você está chateado com alguma coisa, então vou ajudar você com esse sentimento, tá?".

- Se seu filho mais velho está implicando ou tentando bater no irmão, intervenha fisicamente, mas não de forma a subjugar, machucar ou oprimir, e sim dando um limite, uma barreira, dizendo: "Eu sei que você está muito bravo porque seu irmão não empresta aquele carrinho, filho. Não vou deixar você bater nele, então vocês vão ficar separados um pouco agora para eu conseguir ajudar você a lidar com esse sentimento tão difícil".

Claro, esses são apenas exemplos de situações que ocorrem diariamente em tantos lares, mas você pode adaptar os diálogos e a forma de oferecer esses limites tendo em mente que não devemos partir do pressuposto de que nossos filhos são maus, porque não são. Eles só precisam de uma ajudinha para caminhar pela casa de dois andares dentro deles.

O ABRAÇO COMO ACOLHIMENTO

Sabe quando tudo está dando errado no seu dia e são tantos problemas que você se sente exausto só de enumerá-los para desabafar com alguém? Sabe quando você não quer falar nem ouvir nada, de tão difícil? Nesses momentos extremos, normalmente, a única coisa que desejamos e de que precisamos é um abraço, ou um colo, em silêncio. O poder acolhedor de um abraço dado por alguém que amamos é imenso. Por mais que não resolva os problemas reais da vida, como os boletos atrasados, alivia o peso sobre os nossos ombros.

Com os nossos filhos não é diferente, e nós, pais, costumamos cair facilmente na cilada de dar verdadeiras palestras quando as crianças estão menos dispostas a ouvir: durante as crises intensas de choro, ou, como as pessoas gostam de chamar, as birras.

Essa parte da nossa prática envolve oferecer colo ou um abraço sem incluir nenhuma palavra. Quando seu filho estiver chorando, ou passando por uma crise, apenas se aproxime dele, sente-se no chão ou ajoelhe-se perto dele e ofereça um abraço. Veja, esse abraço é uma oferta que pode ou não ser aceita. Se ele a rejeitar, é porque não está pronto para isso nesse momento, mas você pode ainda se mostrar disponível, ficando por perto e dizendo:

— Tudo bem, filho, você não quer abraço, mas estou aqui para ajudar você quando você quiser.

Aos olhos de uma criança, esse tipo de mensagem chega como: "Meus pais entendem o que estou sentindo e querem me ajudar. Eu sou amado, não sou uma criança ruim, só estou passando por um momento difícil".

Não se preocupe, hoje, em explicar o que está acontecendo com seu filho. Tente verbalizar o mínimo possível e veja o impacto que isso tem sobre o comportamento dele. Se você não conseguir ficar calado (eu sei, alguns pais e mães dos grupos de foco sentiam-se angustiados demais para sustentar o silêncio), limite-se a dizer o mínimo possível, como: "Eu sei, filho, eu sei. É muito difícil".

No fim desse dia, reflita sobre como foi a experiência de contato físico intenso, inclusive para lidar com os momentos desafiadores. Foi mais difícil ou mais fácil fazer isso?

Você percebeu alguma diferença no comportamento geral do seu filho? Registre tudo no seu diário e, claro, não se esqueça de fazer o check-in!

EM RESUMO

- Utilize o abraço ou o colo como forma de dar afeto ao seu filho. Use e abuse de brincadeiras, sessões de cinema em casa e abraços espontâneos para mostrar ao seu filho como ele é amado.
- Lembre-se de que ainda falta muito para o seu filho se desenvolver em termos de cérebro e ferramentas emocionais. Portanto, ele precisa de uma ajudinha para entender os limites e sentir-se seguro com nossa autoridade. Use o seu corpo como um limite positivo.
- Abraço e colo também representam acolhimento, então pratique o abraço como sua resposta principal nos momentos intensos de crise do seu filho, lembrando que ele pode rejeitar isso de imediato, mas está tudo bem.

CHECK-IN DIÁRIO

☐ Como me sinto agora?
☐ Como foi o dia de ontem?
☐ Em que aspecto preciso de autocompaixão?
☐ Qual é o meu desafio do dia?
☐ Meditação para quem tem filhos.

DIA 10: COGITANDO O "SIM"

Certa vez recebi a mensagem de uma mãe absolutamente desesperada com sua filha de um ano. Estava escrevendo aos prantos, com absoluta convicção de que a bebê tinha algum problema gravíssimo, da ordem da psicopatia, e acreditava que, de alguma forma, era culpa dela. Havia falhado como mãe. Não sabia mais a quem recorrer, nem tinha esperança de que eu lesse a mensagem, mas torcia para que eu pudesse dar alguma orientação.

Lembro-me de ter ficado muito preocupado com o tipo de comportamento que aquela bebê de um ano apresentava. Ao pedir à mãe um exemplo do que a filha fazia de tão terrível, ela explicou:

— Ela sabe que não pode pegar o meu celular, porque sempre digo "não". Mesmo assim ela pega, olha para mim rindo e diz "não", como se me provocasse! Na verdade, ela faz isso com tudo o que é proibido, do controle remoto à ração do gato. Eu não sei o que fazer, devo ter feito algo muito errado e estraguei minha filha.

Então pude respirar aliviado.

— Ufa, não há nada de errado com a sua filha! Ela só está fazendo o que os bebês pequenos fazem.

Da perspectiva daquela mãe, o caso era gravíssimo. Afinal, a bebê passava por cima de suas determinações, ria e ainda repetia "não" para ela, como se estivesse zombando de sua autoridade. Parece brincadeira, mas esse relato é bastante comum, e você, inclusive, pode estar se reconhecendo nele agora mesmo.

No desenrolar da conversa com essa mãe, expliquei que isso é o resultado da utilização excessiva da palavra "não". Para nós, adultos, é muito mais fácil falar "não" enquanto estamos sentados no sofá do que nos levantarmos, irmos até o bebê e redirecionarmos sua atenção para outra atividade.

Acontece que nossos filhos estão sempre nos observando para entender como agimos e reagimos. Além disso, estão sempre testando, mas não no sentido negativo da palavra, como se costuma ouvir. Eles testam para entender como o mundo funciona e como nós funcionamos. Se o bebê joga uma colher no chão uma vez, ele observa o barulho que faz, o que acontece com a colher, como você vai reagir. Se você pega a colher e põe de volta na mesa, é provável que o bebê a jogue novamente no chão, não porque está desprezando sua autoridade, mas porque está fascinado com esse pequeno experimento. É como se pensasse:

— Se eu jogar de novo, será que vai fazer o mesmo barulho? Que barulho incrível! Será que o meu pai vai pegar de novo? Que brincadeira divertida! Olha a cara engraçada que ele fez! Vou sorrir porque estou gostando disso!

Bebês (e crianças em geral) são pequenos cientistas, apaixonados pela vida e por entender o que acontece neste mundo. O problema é que estamos sempre ocupados demais, pedindo demais dos nossos filhos e esperando que eles atendam a tudo que solicitamos.

Para a mãe da mensagem, a resposta é semelhante. Quando a bebê pegava o celular, não fazia a menor ideia de que era proibido. Mesmo que soubesse, não teria a menor capacidade de conter seu impulso de pegar o objeto, até porque esse controle só começa a se desenvolver a partir dos três anos. Então, enquanto ela pega o celular, é como se pensasse:

— Olha, mamãe! Peguei o "não"! Eu também sei falar o nome disso que você fala tanto, é o "não"! Hum, mamãe está com uma cara estranha, parece ameaçadora. Vou sorrir para ela, porque sei que sempre que eu sorrio ela sorri de volta e fica tudo bem!

A chave para essas questões está em entender que a perspectiva de mundo dos nossos filhos é completamente diversa da nossa, e que a forma de processar as informações também é diferente. Bebês e crianças menores de três anos não entendem o conceito de "não" porque é muito abstrato e, curiosamente, vai na direção oposta ao desejo deles.

O "não" é a negação de uma ação, e os bebês simplesmente não conseguem processar isso em seus pequenos cérebros. Lembro que, mesmo aos três anos, a criança estará apenas começando a desenvolver uma leve compreensão disso, e não entendendo instantaneamente o que fazer (ou não fazer) quando ouve o "não".

Assim, a tarefa de hoje é entender que, além da mudança de perspectiva sobre o "não", podemos abrir mais nossos corações para o "sim".

DANDO UMA CHANCE PARA O "SIM"

Todos nós vivemos na correria e não nos damos conta de que pedimos que nossos filhos nos digam "sim" quase o tempo todo, enquanto na maior parte do tempo dizemos "não" para o que eles nos pedem. Uma das maiores ferramentas para ensinar qualquer coisa é o modelo, então, se não replicamos o "sim" com frequência, é de esperar uma resistência maior por parte das crianças.

O objetivo dessa atividade é que você esteja mais atento, ao longo do dia, às possibilidades de aceitar os convites que seu filho lhe fizer. Você pode não ver, mas ele faz inúmeros convites todos os dias, e não são simples convites: são verdadeiras chamadas para você entrar no mundo dele.

Se o seu filho sugerir um banho de mangueira hoje, por

exemplo, aceite. A não ser que você tenha uma justificativa cabal para não fazer isso, entre na brincadeira. Você nem precisa gastar muito tempo: quinze a trinta minutos já são de bom tamanho, mas lembre-se de que crianças precisam de previsibilidade, então dê lembretes gentis de que a atividade vai acabar em breve. E tenha em mente que, quando acabar, talvez você ainda precise lidar com a frustração do seu filho, que obviamente não queria parar. É como se ele pensasse:

— Poxa, minha mãe nunca aceita as minhas ideias e agora aceitou, mas acabou tão rápido... Foi muito legal, eu não queria que acabasse!

Entenda que isso é o que se passa na cabeça e no coração do seu filho: nomeie e acolha esses sentimentos com ele. O importante é renunciar ao controle rígido da vida, da rotina e do seu filho, ao menos por hoje. Veja que é cedendo que ensinamos nossos filhos a ceder. Que é dizendo "sim" que eles aprendem a dizer "sim" com mais facilidade.

Aja dessa forma com todos os convites que aparecerem, desde ir à pracinha a fazer uma sessão extra de cinema em casa, no meio da semana. Pense nessas possibilidades que seu filho oferece, note como isso afeta o comportamento dele e, principalmente, perceba como você lida com tudo isso e como se sente quando aceita participar de uma atividade proposta pelo seu próprio filho.

Claro que isso não significa que você tenha de aceitar tudo. Afinal, não estamos no filme *Sim, senhor*, do Jim Carrey, em que ele passa a dizer "sim" não importa quão absurda seja a situação — mesmo assim, seu personagem aprende uma lição fundamental sobre experimentar coisas novas da vida. Não queremos ir tão longe, mas ter um gostinho parecido.

Isso não quer dizer que, se o seu filho sugerir malabarismo com facas, chutar plantas, jogar água em pessoas na rua, colocar objetos de metal dentro do micro-ondas e outras ideias potencialmente perigosas, elas precisem ter o seu aceite incondicional. Lembre-se de que ele é uma criança, e o adulto responsável continua sendo você. Caso isso aconteça, leia o próximo item para saber como responder.

CRIANDO LIMITES SEM RECORRER AO "NÃO"

Muitas pessoas pensam que, quando falamos que o "não" é ineficiente para crianças pequenas, estamos automaticamente dizendo que é proibido falar "não" e que esta é uma palavra amaldiçoada, com o poder de traumatizar as crianças. Se você está pensando isso, calma, respire. Não é assim. Na verdade, é bem diferente. Se estamos buscando um caminho para uma relação mais equilibrada e pacífica com os nossos filhos, precisamos analisar as atitudes que não funcionam e buscar alternativas.

Esta é uma opção em que é possível manter os limites, só que de uma forma mais eficiente e que a criança compreenda melhor. Por isso, quando falamos sobre o "não", é importante que algumas coisas fiquem claras:

- Não é proibido dizer "não".

- É possível não dizer "não" e não ser permissivo.

Hoje você vai praticar diferentes formas de dar limites a seu filho, lembrando que, além do limite, precisamos também oferecer alternativas. Quando nos concentramos apenas no "não", um dos motivos por que a criança fica confusa é o fato de não saber o que pode fazer, mas apenas o que "não deve" fazer.

Em resumo, a comunicação que você vai praticar hoje se divide em três partes: limite, explicação e alternativas divertidas. Ao conseguirmos estabelecer uma comunicação estruturada dessa forma, demonstramos respeito aos nossos filhos e os ajudamos a não se sentirem mais confusos com o que estamos dizendo.

Veja alguns exemplos, observando que você deve adaptá-los aos seus contextos pessoais, à idade do seu filho e ao desenvolvimento dele.

Caso 1: Criança pulando no sofá

"Filho, para de pular, por favor. O sofá é para sentar. Quer pular aqui no tapete com a mamãe?"

Aqui o limite existe e está claro. Dizemos à criança que ela precisa parar de pular. Em seguida, explicamos o motivo, informando que o sofá é feito para sentar. Para finalizar, oferecemos uma alternativa interessante, que seria pular e brincar no tapete da sala com você. Que criança resistiria?

Caso 2: Criança puxando o rabo do gato

"Filha, para agora de puxar o rabo do gato. Isso faz dodói no gato, tadinho! Olha, o carinho é aqui, na cabeça dele, viu? Vem, pode fazer, entre as orelhas! Que legal, ele está gostando do seu carinho, você é uma acarinhadora profissional de gatos!"

O limite está claro para a criança quando pedimos que ela pare de puxar o rabo do gato. Explicamos que machuca e que gatos também sofrem. Então mostramos o que pode ser feito com o gato, mas nos concentrando em como isso pode ser tão divertido quanto puxar o rabo — eu sei, isso não é divertido para nós, adultos, mas precisamos reconhecer que as crianças adoram —, e continuamos tornando tudo divertido, criando um termo especial para a criança, chamando-a de "acarinhadora", o que faz com que ela se sinta especial e importante ao fazer carinho no gato.

Adapte esses roteiros para as atividades que você encontrar ao longo do dia, tentando fazer a sua fala fluir naturalmente, e não de maneira artificial. É questão de prática, mas você muda completamente sua entonação se você estiver se divertindo de verdade no processo. Permita-se fazer isso!

Por fim, uma informação muito importante: a essa altura da jornada, você já deve ter percebido que não existe fórmula mágica. Portanto, é de esperar que essas atividades não sejam cem por cento à prova de choro, até porque não é esse o nosso objetivo. Não queremos crianças que nunca protestam, não choram nem manifestam seus desejos, porque isso só geraria problemas para elas.

Isso significa que, vez ou outra, mesmo estruturando a sua fala com limite, explicação e alternativas divertidas, você ainda vai ver seu filho demonstrando resistência e até chorando de raiva e frustração. Vale lembrar que o momento do dia ou o tipo de atividade que estão fazendo podem influenciar as reações. Essa é a hora de pôr em prática o bom e velho acolhimento, porque os sentimentos do seu filho são reais e precisam ser levados em conta.

Outro lembrete importante é que, como acontece com tudo na parentalidade, estamos falando de muita repetição. Não espere que logo após uma única interação dessas com seu filho todos os problemas estejam resolvidos. É preciso repetir e repetir e repetir. Eu mesmo já perdi a conta de quantas vezes falei as coisas para cada um dos meus filhos. É desanimador e angustiante, mas é esse mesmo o caminho.

USANDO O CORPO COMO LIMITE

Quando se trata de bebês e crianças pequenas que ainda não falam de forma estruturada, é fundamental entender nosso corpo como limite. Isso se aplica, inclusive, a crianças mais velhas quando estão atravessando uma frustração ou em plena crise de choro, sem a capacidade de processar o que lhes dizemos.

Nesses casos, o segredo está em falar menos e agir mais. Hoje você também vai falar o mínimo, agindo de forma mais enérgica com o corpo. A seguir listarei alguns exemplos de como o nosso corpo pode ser um limite e como ele se torna uma ferramenta poderosíssima para redirecionar a atenção dos nossos filhos.

Caso 1: Bebê que mexe na tomada

Bebês têm fascínio por tomadas. Salvo raríssimas exceções, adoram enfiar seus dedinhos nos buracos e, por mais que os padrões atuais das tomadas sejam mais seguros, ainda é um ato arriscado para os bebês. Gritar "não" sem parar não funciona: no máximo vai deixá-los assustados, mas ainda fascinados pelas tomadas.

Quando isso acontece, um caminho é pegar o bebê gentilmente no colo, levá-lo para outro cômodo da casa e apresentar brinquedos divertidos para ele se distrair. Redirecionamento de atenção, em geral, funciona muito bem com bebês e crianças pequenas.

Caso 2: Criança que insiste em ir aonde não deve

Se o seu filho insiste em ir em direção a um lugar que você não quer, em vez de gastar sua saliva com incontáveis "nãos", pegue gentilmente a mão dele e o leve para outro canto, procurando apresentar novas opções para entretê-lo de uma forma mais segura.

Isso funciona principalmente nos supermercados, quando meus filhos cismam com o corredor de produtos de limpeza. Então pego firme, mas gentilmente, a mão deles e digo:

— Filha, vamos lá escolher algumas frutas gostosas e bem coloridas? Que tal? Será que tem banana? Maçã? Será que tem alguma fruta maluca?

Por mais que essas sugestões pareçam cansativas, garanto que, ao longo do dia, é muito mais estressante falar "não" um milhão de vezes para no fim acabar perdendo a paciência com um filho que "não ouve" e gritar com ele. Boa parte dos desafios na parentalidade envolvem um trabalho proativo, mas que, ao longo dos dias, se mostra muito mais leve e menos enervante.

Mais um dia chega ao fim e, como as atividades do dia 10 podem ser um tanto diferentes das que você pratica diariamente, gostaria que você refletisse sobre os impactos que percebeu hoje. Como se sentiu com essas mudanças? Observou alguma alteração no comportamento ou no humor do seu filho? Consegue se imaginar incorporando algumas dessas noções no seu cotidiano? Registre tudo no diário e não se esqueça do seu momento de autocuidado!

> **EM RESUMO**
>
> - Pense com carinho em todos os convites que o seu filho fez para você hoje. Será que tudo o que ele sugere precisa de um "não" como resposta? Considere dizer mais "sim" para as ideias dele, a não ser que sejam realmente impossíveis de realizar.
> - Entenda que o "não" é uma palavra ineficaz para crianças. Busque alternativas para estabelecer os mesmos limites, só que de uma forma que as crianças entendam. Pratique uma comunicação estruturada em limite, explicação e alternativas divertidas.
> - Especialmente com bebês e crianças menores, use seu corpo como limite saudável. Se o bebê está fazendo algo que não deve, pegue-o no colo com gentileza e redirecione sua atenção. Aja mais, fale menos.

CHECK-IN DIÁRIO

- ☐ Como me sinto agora?
- ☐ Como foi o dia de ontem?
- ☐ Em que aspecto preciso de autocompaixão?
- ☐ Qual é o meu desafio do dia?
- ☐ Meditação para quem tem filhos.

DIA 11: ENCONTRANDO REGULAÇÃO NA ROTINA

Aqui em casa nunca dispusemos de uma rede de apoio consistente, mesmo quando tínhamos apenas o Dante em nossas vidas. Quando falo em rede de apoio consistente quero dizer alguém que esteja presente e auxilie nos cuidados com os filhos, ou seja, não tínhamos nem babás nem familiares próximos. Mas se você perguntasse para mim ou para a Anne qual era a nossa rede de apoio, a resposta seria a mesma: a rotina. Se algum dia participássemos desses programas de auditório em que fazem a mesma pergunta para diferentes casais como forma de saber se eles se conhecem mesmo, teríamos garantido essa questão tranquilamente.

Você pode até não concordar, e tudo bem. No sentido literal a rotina não é mesmo uma rede de apoio. Se eu e a Anne ficarmos doentes ao mesmo tempo — acredite, já aconteceu algumas vezes e não recomendo —, não vai entrar uma pessoa chamada sra. Rotina pela porta de casa com uma maleta na mão e dar de comer aos meus filhos e colocá-los na cama, por exemplo. Por outro lado, é importantíssimo reconhecer o tamanho do impacto positivo da rotina na vida das crianças — e dos adultos também. Isso acontece porque elas precisam, e muito, de previsibilidade em suas vidas. Elas se sentem seguras, e é mais fácil para a organização interna delas quando têm ideia do que vai acontecer no dia.

Algumas escolas que se propõem desenvolver a autonomia saudável dos alunos dedicam os primeiros momentos do dia ao planejamento, como observei em algumas das tantas escolas em que já tive o prazer de palestrar. O planejamento é a hora em que a turma se reúne e conversa sobre o que será feito naquele dia, desde os combinados até as atividades que deverão realizar. Os ganhos em termos comportamentais são imensos, justamente porque as crianças sabem de antemão o que vai acontecer enquanto elas estiverem ali.

O mesmo pode ocorrer na nossa casa quando temos rotinas preestabelecidas. Se não há um roteiro conhecido pela criança, ela tende a ficar mais irritada e desorganizada porque não sabe o que vem depois, e isso gera uma ansiedade que interfere diretamente no comportamento.

Pense no seguinte cenário: você está no trabalho e não existe a menor rotina nesse lugar. Uma reunião marcada para as 14h, faltando cinco minutos para começar, é reagendada sem aviso prévio para as 16h. Seu chefe, que havia combinado um prazo de cinco dias para a entrega de um projeto, avisa que o prazo agora é de quatro dias e depois muda novamente a data, dessa vez para três dias. Seus colegas de trabalho te chamam para almoçar cada dia num horário diferente.

Já imaginou? Agora reflita: como você se sentiria em um trabalho assim? Não é difícil perceber que é um panorama altamente irritante, onde a angústia passeia livremente de mãos dadas com a ansiedade. Talvez você até crie uma rotina para você mesmo na tentativa de aliviar um pouco o estresse, mas nunca vai resolver o problema como um todo.

Situações assim são ainda piores para as crianças, porque elas nem sequer têm desenvolvimento cognitivo para elaborar o que está acontecendo, dependendo unicamente da forma como nós colocamos a rotina em prática. Para entender como essas rotinas podem se consolidar, dedicaremos o dia a praticar algumas ferramentas que ajudarão não apenas a construir uma rotina que faça sentido para a sua família, mas também a mantê-la da melhor forma possível.

PLANEJANDO A ROTINA

Comece anotando em seu diário tudo o que conseguir perceber da sua rotina atual. Escreva os horários ao lado das atividades, mesmo que não sejam muito precisos. Afinal, o objetivo aqui não é fazer uma agenda rígida que será apenas mais uma cobrança para você. Aqui vai um exemplo, para você ter uma ideia de que atividades podem entrar na sua lista com os horários em que costumam acontecer:

- 6h: Acordar.
- 6h30: Café da manhã.
- 6h45: Escovar os dentes.
- 7h30: Escola dos filhos.
- 8h: Trabalhar.
- 12h: Almoçar.
- 14h: Natação dos filhos.
- 15h: Lanche.
- 15h30: Atividades físicas e brincadeiras.
- 17h: Banho.
- 18h: Jantar.
- 18h30: Escovar os dentes.
- 19h: Colocar os filhos para dormir.
- 19h30: Ler um livro ou assistir tv.
- 22h: Dormir.

Só essa etapa já trouxe muitos benefícios para os pais e mães dos grupos de foco da jornada, porque muitos deles nunca haviam sequer pensado nas rotinas que tinham. Dedicar um tempo a isso, tentando organizar o que acontece na sua vida, é muito benéfico, inclusive do ponto de vista do mindfulness, porque você passa a viver as mesmas situações que já vivia antes, só que com uma consciência plena do que está acontecendo.

Você talvez tenha rotinas diferentes dependendo do dia da semana, seja porque algumas atividades só ocorrem em determinados dias, seja porque você pratica guarda compartilhada ou outro motivo qualquer. O importante é listar tudo da forma mais detalhada possível, para ter uma visão geral dos seus dias. Nos fins de semana você não precisa se preocupar em detalhar tanto, mas é aconselhável manter alguns pontos--chave dependendo de como é a sua vida e a sua família.

Já que você está com a mão na massa, pode aproveitar e incluir alguns itens que vão ajudá-lo, como autocuidado, atividade física, leitura e por aí vai. Não pense que meu objetivo é romantizar a vida e dizer que "basta querer", mas o primeiro passo para conseguir fazer algo para você mesmo é reservando esse tempo. Um momento bastante propício para começar é quando você está olhando para a rotina da sua vida inteira, justamente pela visão geral que essa atividade proporciona. Tente pensar naqueles trinta minutinhos em que o bebê está cochilando e você fica rolando um *feed* de rede social para esvaziar a mente: eles podem ter um efeito muito mais poderoso se você fizer alguma atividade física dentro de casa mesmo, pegar o livro que jurou que leria há um tempão, pintar, fazer sua própria arte ou cuidar das plantas.

EQUILIBRANDO A ROTINA

Se deu tudo certo, a essa altura você deve ter em mãos uma bela lista das atividades que você e sua família realizam ao longo da semana, e isso já é ótimo. Agora, precisamos olhar um ponto que os pais e mães em geral deixam de lado, e é justamente um aspecto que costuma criar muita tensão no dia a dia: a rotina fisiológica dos nossos filhos.

Vamos voltar ao cenário do trabalho, em que seus colegas te chamam para almoçar sempre em um horário diferente. Imagine que eles resolveram criar uma rotina para melhorar o ambiente e, sem consultar você, decidiram que o horário do almoço passaria a ser fixo, às 11h45.

Agora, todos os dias, você precisa almoçar com eles às 11h45, só que tem um pequeno detalhe: você não sente a menor fome nesse horário. Normalmente, só vai sentir fome por volta das 13h. Assim, todos os dias, seu almoço passa a ser um terror, porque você se sente obrigado, por pressão social, a comer quando não tem vontade. Acaba comendo pouco por causa disso, e ao longo da tarde tem fome, mas não pode comer mais porque o horário do almoço já passou. Com isso, você fica irritadiço, impaciente e tende a gritar ou brigar muito mais com seus colegas.

É assim que muitos de nós, pais e mães, fazemos com nossos filhos: simplesmente estabelecemos a hora que eles devem sentir fome sem lhes perguntar nada, sem notar quais são seus horários fisiológicos, e isso é uma das grandes causas do estresse na hora do almoço.

Sabendo disso, reveja todas as partes da rotina que afetam diretamente o seu filho e anote o horário que você percebe ser o mais natural para ele.

- Quando seu filho acordaria naturalmente?
- A que horas ele sente fome para almoçar, lanchar e jantar?
- Ele sente sono de tarde a ponto de precisar de um cochilo? A que horas?
- Em que momentos está mais agitado para brincar ou fazer atividades?
- A que horas sente sono para dormir à noite?

Essas são algumas perguntas que ajudam a listar a rotina fisiológica do seu filho, o que é fundamental para conciliar, da melhor forma possível, a rotina que você deseja implementar com o que faz mais sentido para ele. Sabemos que você não conseguirá alinhar perfeitamente os horários, porque podem existir compromissos de trabalho, por exemplo, que impeçam que seu filho almoce um pouco mais tarde. O importante é que você busque respeitar os limites que a vida normalmente já impõe.

CONSTRUINDO A ROTINA A VÁRIAS MÃOS

Voltando àquele seu trabalho imaginário, pense agora que seus colegas decidiram todos os novos horários da rotina e você foi apenas comunicado. Como se sentiria em relação a isso? Não sei você, mas eu me sentiria deixado de lado, como se não importasse, como se a minha opinião não tivesse valor. E muito provavelmente não me esforçaria muito para seguir essa rotina que não me leva em consideração e não faz o menor sentido para mim. Seguiria o básico só para não ser mais constrangido ainda ou punido pelo chefe.

Como você já deve ter adivinhado, é mais ou menos assim que as crianças se sentem quando impomos uma rotina sem consultá-las, e isso é justamente o oposto do que deveríamos fazer para obtermos a cooperação delas. Nossos filhos precisam se sentir importantes, ouvidos, olhados e amados, o que só vai acontecer se você convidá-los para participar da construção da nova rotina.

Esse é o momento de praticar essa etapa, uma das mais decisivas para o sucesso da implementação da nova rotina. Agora que você já listou tudo o que acontece na sua vida e alinhou com o horário fisiológico da melhor forma possível, chegou a hora de chamar seu filho para construir a rotina, não apenas no sentido de organização, mas de visualização.

Em primeiro lugar, separe um pedaço de papel. Sugiro utilizar algo grande como uma cartolina. Nesse papel, você vai fazer um exercício com seu filho.

— Filho, preciso que você me ajude a pensar na nossa nova rotina, para todo mundo saber o que vai fazer todos os dias! Você vai me dizendo todas as coisas que faz no dia e eu vou anotando aqui no papel, tá?

E anote tudo, absolutamente tudo. Esse é o momento de validar as ideias do seu filho, por mais absurdas que pareçam, porque aí não julgamos, apenas reconhecemos e listamos. Mesmo que seu filho diga que, em algum momento do dia, ele viaja para a lua, escreva isso. Em seguida, diga:

— Uau, quanta coisa, hein, filho? Seus dias são muito agitados! Agora eu acho que precisamos tirar algumas delas para você não ficar cansado todos os dias, tá? Vamos rever a lista? Hum, acho que viajar para a lua não pode ficar aqui, imagina o tempo que leva essa viagem! Que tal no fim de semana, quando brincamos no parquinho?

Adapte esses diálogos à idade e ao que você percebe do entendimento do seu filho, mas a ideia geral é essa: liste e depois julgue em conjunto com ele, de forma lúdica e acolhedora.

Assim que a lista estiver pronta, você pode dizer:

— Muito bem, temos tudo anotado, agora é hora de definirmos uma rotina bem bonita! Vamos colocar todas essas atividades no papel, e você vai me ajudar a colorir e desenhar para ficar lindo! Depois, podemos colar na geladeira para todo mundo ver sempre que precisar!

A ideia aqui é construir visualmente a rotina para o seu filho. É importante sentir o quanto ele a entende. Se as crianças forem muito novas, talvez não consigam manter uma interação, mas você pode dar início ao hábito de avisar e explicar a rotina para os mais novinhos. Se eles ainda não sabem ler de forma autônoma, faça desenhos, deixe-os pintar e decorar a rotina com canetinha, cola colorida e o que mais tiver disponível. Se ele já lê e escreve, deixe-o escrever as atividades para depois enfeitar tudo. Com o tempo, você poderá mudar os quadros usando fotos da própria criança para ilustrar as atividades ou qualquer outra ideia que você tenha!

Quando terminarem, deixe o quadro em algum lugar de fácil acesso para seu filho, como a parede do quarto dele. O importante é que esteja acessível. Comece então a perguntar quais são as próximas ações da rotina.

— Hum, filho, me ajuda, por favor? Você acabou de lanchar e não sei o que é para você fazer agora! Ai, ai, ai, tenho andado tão esquecida! Você pode me ajudar?

— Claro, mamãe! — ele corre para o quadro da rotina e volta correndo. — Agora é a hora de tomar banho, e depois brincar até o jantar!

— Ah, que bom que você já sabe tudo o que é para fazer! Muito obrigada, filho!

Rotinas funcionam tão bem porque dão um senso de controle e autonomia para a criança: ela sabe que participou daquela construção, o que aumenta muito a probabilidade de segui-la. Além disso, se sente valorizada, importante e ouvida a ponto de ter sugestões na lista e por ter contribuído na confecção do quadro. Também se sente segura e organizada, porque sempre terá a previsão de que tanto precisa para se estruturar internamente, uma vez que pode saber "o que vem depois".

Porém, por mais que sejam excelentes, as rotinas não são fórmulas mágicas que resolvem qualquer problema. Como tudo neste livro, é uma ferramenta que tem todo o respaldo científico para ajudá-lo, mas sujeita a contratempos. Você ainda pode enfrentar resistência do seu filho (e isso ocorre por mil razões diferentes, mas nenhuma delas tem a ver com falhas suas ou dele); ou talvez comece tudo bem, mas então ele para de seguir a rotina (o que pode indicar que é o momento de uma revisão). É bom também saber que rotinas estabelecidas dessa forma são muito positivas para crianças maiores, então não espere que bebês de um ou dois anos as sigam perfeitamente. Para os pequenos, é muito mais importante identificar e incorporar rotinas fisiológicas que qualquer outra coisa, como fizemos no exercício anterior.

Lembre-se: a ideia não é construir a rotina perfeita, mas a possível. Se ela se tornar apenas mais um fardo que gera ansiedade em você, não é uma rotina, e sim uma lista de tarefas que sobrecarregam alguém já sobrecarregado. Rotina se refere muito mais ao ritmo que à demanda.

No fim desse dia, lembre-se de registrar as atividades do check-in diário e fazer sua meditação. Talvez, nesse ponto, você já consiga meditar por períodos mais longos, como quinze ou trinta minutos. Se sim, excelente, parabéns! Caso contrário, isso não é nenhum demérito. Faça o quanto pode e consegue, que já ajuda muito a clarear a mente.

> **EM RESUMO**
>
> - Planeje a rotina a partir do que você já vivencia hoje, listando as principais atividades do dia a dia e os horários. A ideia não é criar uma estrutura rígida, mas uma lista do que acontece todos os dias.
> - Equilibre essa rotina com a rotina fisiológica dos seus filhos da melhor forma possível. Se você conseguir sincronizar, por exemplo, a hora do almoço com a hora em que ele naturalmente sente fome, sua vida (e a dele) será mais fácil.
> - Envolva as crianças na construção da nova rotina da família — desde listar todas as atividades que eles mencionarem até a confecção física da rotina em uma folha de papel ou cartolina, com desenhos e decorações de todos.

CHECK-IN DIÁRIO

- [ ] Como me sinto agora?
- [ ] Como foi o dia de ontem?
- [ ] Em que aspecto preciso de autocompaixão?
- [ ] Qual é o meu desafio do dia?
- [ ] Meditação para quem tem filhos.

DIA 12: COMBINADO NÃO SAI CARO

Certa vez, um pai me enviou um e-mail pedindo ajuda com o filho de cinco anos. Na mensagem, ele dizia que não sabia mais o que fazer para que o menino colaborasse.

— Eu não quero ter que bater nem deixar de castigo, mas eu já tentei de tudo e não funciona. Ele não faz nada do que eu peço!

Essa sensação de impotência é muito real: não só esse pai, como eu e você, que está lendo este livro, já sentiu isso. Às vezes, nós só queremos que os nossos filhos façam o que pedimos, sem estresse, sem argumentações, ainda mais depois de um dia cansativo. Eu entendo, de verdade.

Porém, como expliquei a esse pai, filhos não são adestráveis — felizmente, porque senão todos os nossos planos de incentivá-los a pensar por conta própria iriam pelo ralo —, e quando queremos que eles "colaborem" e "façam o que estamos pedindo", na verdade, estamos querendo que eles apenas nos obedeçam.

A palavra que precisamos buscar é colaboração, mas isso requer ferramentas que convidem nossos filhos a colaborar, não a resistir. Ordens fazem com que nossos filhos, por natureza, resistam e se oponham. E isso não faz deles pessoas ruins. Lembre-se: nossos filhos nunca são ruins, nunca. Eles sempre estão tentando fazer o melhor que podem com os recursos que têm.

Por isso, o pai frustrado do e-mail, que buscava obediência, não conseguia fugir da palmada e do castigo porque, quando se busca obediência, inevitavelmente se chega às ferramentas de opressão e controle comportamental.

Qual a saída, então? O recurso mais eficiente para a colaboração é entender que os nossos filhos precisam se sentir ouvidos e amados. Quando damos ordens, ameaçamos e castigamos, passamos a mensagem oposta: que eles não são ouvidos e muito menos amados.

Ou seja, precisamos convidá-los a solucionar os problemas conosco e propor combinados, bem como a oportunidade de escolher alternativas. Isso vai atender à necessidade de se sentirem ouvidos e amados, o que, por consequência, aumenta a probabilidade de que colaborem conosco quando precisarmos.

O dia de hoje é para colocar essas ferramentas em prática e perceber o efeito positivo no comportamento dos nossos filhos e na nossa própria saúde mental.

FAÇA COMBINADOS COM VOCÊ MESMO

Eu sempre tive uma tendência a ser muito crítico comigo mesmo, principalmente no que diz respeito às coisas que não consegui fazer. Ficava muito frustrado e com raiva, me passando um sermão: "Você desperdiçou mais um dia inteiro e não conseguiu fazer nada, nem resolver a menor das pendências". E, como é de esperar, todos esses sentimentos acabavam se convertendo, de certa maneira, em impaciência com meus filhos.

Era bastante comum eu perceber que o dia tinha passado e eu não conseguira fazer nada direito:

- Não consegui trabalhar e terminar meus projetos.

- Não consegui gravar o vídeo que eu queria.

- Não consegui ajudar meus filhos no dever de casa.

- Não consegui reservar um tempo para brincar com cada filho.
- Não consegui dar um jeito na sala.

Cada "não consegui" desses aumentava razoavelmente a chance de eu perder a paciência com os meus filhos e gritar com eles. Foi então que reparei que estava com um problema e que precisava trabalhar nisso.

Tudo que diz respeito aos nossos filhos começa, na verdade, em nós mesmos. O exercício da parentalidade precisa partir de dentro para fora, por isso esta nossa jornada envolve tanto olhar para dentro, tanta meditação e mindfulness. Quando nossos reservatórios emocionais estão vazios, não há nada que possamos oferecer para encher os reservatórios emocionais dos nossos filhos, que, pela natureza da infância, já são menores que os nossos e se esvaziam muito mais depressa.

Eu percebi que precisava fazer combinados comigo mesmo para reconhecer e até comemorar a cada vez que conseguia cumprir um desses acordos, por menores que fossem. Na verdade, a chave aqui é fazer pequenos tratos, para você ter a sensação de que está, sim, fazendo muitas coisas durante o dia.

No primeiro dia de prática, já vi uma mudança impressionante. Não me sentia mais um inútil, que só deixava os dias passarem e não resolvia nada. Pelo contrário, estava cheio de gás por conseguir cumprir vários pequenos combinados. Isso virou uma chave na minha percepção. Agora é sua vez de testar. Faça seus pequenos combinados:

- "Hoje, assim que meu companheiro chegar do trabalho, vou deixar o bebê com ele e tomar um banho com calma": incentive que ele dê um passeio na rua para o bebê se distrair enquanto você toma um banho revigorante.
- "Na hora da refeição, vou levar meu filho para almoçarmos fora", nem que seja no restaurante a quilo da esquina.
- "À tarde, vou organizar só os brinquedos de madeira da sala": aqui se lembre dos pequenos combinados. Se você se comprometer com a arrumação de todos os brinquedos da casa inteira, é provável que não consiga e se frustre.
- "Hoje vou reduzir em trinta minutos o tempo que fico no celular."

Cada vez que você cumprir um desses combinados, diga a você mesmo: "Eu consegui fazer algo importante para mim! Que bom, estou sendo produtivo mesmo com o dia corrido!". Combinados que fazemos conosco de modo sério e comprometido têm mais chances de serem cumpridos. E quando conseguimos cumprir nos sentimos muito, mas muito melhores. É prazeroso e nos dá a sensação de que somos capazes, em vez de passarmos o dia inteiro pensando que não fazemos nada.

Observe não apenas suas emoções, mas a reação do seu corpo ao longo do dia com esses pequenos combinados, e escreva à noite no seu diário sobre isso. Será que você ficou mais feliz durante o dia? Teve mais paciência com seus filhos? Sentiu o corpo mais leve? Essas percepções são fundamentais para entender como precisamos reconhecer nossos esforços e sermos mais compassivos com nós mesmos.

FAÇA OS COMBINADOS COM SEU FILHO

Nunca vou me esquecer de um combinado que eu, o Dante (aos quatro anos) e o Gael (ainda bebê) fizemos quando estávamos com uma amiga nos visitando em casa. Como fazemos quando queremos conversar com os amigos, liberamos a TV. Afinal, somos adultos e também merecemos ter conversas adultas de vez em quando.

Depois de algum tempo, quando percebi que o Dante já tinha assistido desenhos o suficiente, falei:

— Dante, vamos fazer um combinado? Você vai assistir mais dois desenhos e aí desliga a TV, tá?

Ele olhou para mim e concordou com a cabeça. Voltei a conversar com a nossa amiga e, enquanto estávamos distraídos, a TV foi desligada. A amiga perguntou o que havia acontecido e respondi que, como tinha combinado com o Dante, ele viu mais dois desenhos e desligou a TV.

Ela ficou extremamente espantada com aquilo, mas é o que acontece quando praticamos combinados todos os dias com os nossos filhos desde quando são bem pequenos. É por isso que você também deve se concentrar hoje em fazer pequenos combinados com seus filhos, qualquer que seja o assunto.

A intenção aqui é praticar bastante essa técnica, mas de uma forma que você e seu filho percebam que não se trata de regras impostas, e sim de duas pessoas concordando com algo. É importante não se concentrar apenas em combinados chatos do ponto de vista da criança —limpar o banheiro, catar o cocô do cachorro, arrumar os brinquedos e ficar sentado no sofá. Isso só passa a ideia de que os combinados são um aborrecimento e, na verdade, ordens unilaterais, porque dificilmente este diálogo aconteceria:

— Filho, vamos fazer um combinado? Hoje você vai me ajudar a limpar o cocô dos cachorros! Combinado?

— Oba, sim, mamãe! Combinado! Mal posso esperar!

O objetivo de um combinado é que as duas partes concordem. Para a criança, na verdade, é um convite para participar da solução de um problema. Olhando do ponto de vista do cérebro da criança, se ela se sente valorizada o suficiente para ser convidada a participar de uma decisão, as chances de que vá cumprir a parte dela são muito maiores.

Portanto, alterne os combinados chatos com os legais, por exemplo:

— Vamos combinar uma coisa? Hoje, depois do almoço, vamos brincar na pracinha. Combinado?

É bem provável que seus filhos aceitem, e isso é muito bom, porque dá a oportunidade de eles entenderem que combinados também podem ser diversão. Lembre-se de sempre trazer a criança para dentro do acordo, dando-lhe funções, mostrando que ela é parte atuante dele:

— Hum, filha, eu não sei... Acabamos de almoçar, acho que combinamos alguma coisa, mas não lembro o que é! Você se lembra se fizemos algum trato?

— Sim, mamãe! Combinamos de ir à pracinha!

— Ah, excelente! Então está na hora de nos prepararmos!

Esse é apenas um exemplo de combinado. Você pode fazer outros: brincar de massinha, jogar bola no quintal ou qualquer coisa que envolva uma atividade apenas lúdica para seu filho. Isso é importante para fixar a ideia do combinado em um primeiro momento.

Alterne, ao longo do dia, com outros acordos que envolvam situações não tão divertidas para as crianças, como desligar a TV. Só é importante lembrar que combinados precisam da aceitação das duas partes, senão são apenas ordens.

— Ih, filho, esses brinquedos do quarto estão bem espalhados. Vamos fazer um combinado? Você vai terminar esse desenho e depois vamos arrumar juntos tudinho, combinado?

Não tem problema algum dar uma forcinha na tarefa, como nesse caso. Na verdade é até melhor, porque vocês ainda garantem que estão fazendo uma atividade juntos.

— Filho, quero fazer um combinado com você! Vamos ao shopping agora, vamos visitar a loja de brinquedos, mas hoje não vamos comprar nada. Combinado?

— Tá bom, papai!

Alguns acordos precisam de lembretes, ainda mais se sabemos que nossos filhos terão dificuldade para cumpri-los.

— Filho, lembra do nosso trato? Vamos entrar agora na loja de brinquedos e combinamos de não levar nada hoje, certo?

— Certo!

É praticando assim, não apenas hoje, mas todos os dias, que construímos uma relação saudável dos nossos filhos com as pequenas responsabilidades da vida. Não se iluda, porém, achando que seus filhos nunca mais vão chorar para desligar a TV, por exemplo. É importante entender que os combinados ajudam as crianças a se organizarem, a se sentirem ouvidas e a terem previsibilidade, mas não devem ser um impedimento à forma como vão expressar seus sentimentos em relação ao acordo.

Se houver choro ou protesto para desligar a TV depois de um combinado, nosso papel é manter o limite ao mesmo tempo que acolhemos:

— Puxa vida, é tão difícil desligar a TV quando tem tanta coisa legal para assistir, né, filho? Eu vejo que você está bem chateado, e tudo bem se sentir assim. Posso ajudar você com esse sentimento. Se quiser um abraço ou um colo, estou por aqui.

Combinados funcionam muito bem com crianças um pouco maiores, então, se você tiver um bebê, guarde essa prática para daqui a algum tempinho: por volta dos dois ou três anos as crianças já conseguem entender os acordos mais básicos. Até lá, você pode praticar com seu bebê, mesmo que ele não responda ativamente com um sonoro: "Está combinado". Tudo isso é mudança na forma de nos comunicarmos com nossos filhos. Quanto antes você começar a praticar, mais natural vai parecer ao longo dos anos.

OFEREÇA ESCOLHAS POSSÍVEIS

Quando o Dante estava por volta dos seus quase dois anos, enfrentamos um dos maiores e mais cansativos desafios com ele: a hora do banho. Era tão difícil que, quando começava a anoitecer, eu e a Anne já ficávamos nervosos, antecipando o problema.

Para você ter uma noção, ele começava a chorar quando falávamos a palavra "banho", chorava mais alto quando entrava no banho e gritava ainda mais quando lavávamos o cabelo dele, até que se acostumava e passava a gostar. Quando era a hora de tirá-lo do banho, voltavam o choro e os gritos. Vivíamos isso todos os dias — e felizmente só passamos isso com o Dante, nenhum dos outros filhos fazia toda essa choradeira —, até que decidi testar algo novo.

— E se a gente oferecesse algumas escolhas para ele? — sugeri à Anne.

Ela não confiou muito na sugestão, mas, como não tínhamos nada a perder, perguntei para o Dante:

— Filho, está na hora do banho. Você quer tomar banho com o papai ou com a mamãe?

— Não banho.
— Dante, agora é a hora do banho. Você pode escolher: com o papai ou com a mamãe?
— Banho não.
— Eu sei, filho, que você não quer, mas agora é hora do banho. Quem vai com você? Mamãe ou papai?

Ele ficou um tempo parado, tentando entender o que estava acontecendo e por que aquilo estava tão diferente dos outros dias. Até que respondeu:
— Mamãe.

Foi o primeiro banho que o Dante tomou sem gritar nem chorar. Parecia até milagre, mas era outra coisa: o poder das escolhas. Aos poucos, ele começou a entender que, por mais que precisasse fazer alguma coisa de que não gostava, ainda assim era ouvido e podia escolher. No caso, entre mim e a mãe dele. Praticamos outras opções ao longo dos anos e com seus irmãos: qual brinquedo levar junto, qual dos shampoos usar dessa vez. O efeito é semelhante ao dos combinados. Quando a criança se sente participando de alguma parte do processo que diz respeito à vida dela e pode escolher, é mais provável que siga fazendo o que escolheu.

Isso é importante demais, porque as crianças não têm a mesma capacidade de abstração que nós, adultos. Seus cérebros ainda não têm a região do córtex pré-frontal totalmente desenvolvida, e essa é a área que aloja a nossa capacidade de planejar e tomar decisões. Por isso, se perguntarmos, por exemplo, "O que você quer comer no almoço?", a criança vai ficar confusa diante de tantas possibilidades. É quase certo que vai escolher alguma coisa fora da realidade, como sorvete de chocolate. Esse é o tipo de situação que mais gera dificuldade do que ajuda de fato, porque você não apenas terá que convencer sua filha a comer o que tem para o almoço como também lidar com a raiva e a frustração de uma criança com vontade de sorvete.

Quando oferecemos escolhas, estamos também limitando, dando contornos. E isso faz bem para as crianças porque elas se sentem seguras ao participar de um processo decisório que diz respeito às suas próprias vidas. Na prática de hoje, tenha em mente algumas dicas:

- Limite-se a oferecer duas opções para as crianças pequenas. Mais do que isso pode mais confundir que ajudar.

- Ofereça três ou mais opções apenas se você já tiver um filho mais velho, por volta dos cinco anos.

- Garanta que as opções oferecidas sejam viáveis, porque não adianta nada oferecer a escolha do almoço entre macarrão e chocolate se você obviamente não vai dar chocolate para ele. Evite os conflitos desnecessários.

Você também pode utilizar as escolhas para definir junto com seu filho que atividades farão, como brincar de massinha ou montar quebra-cabeças, ou até mesmo ir à pracinha ou visitar a vovó. As ferramentas não devem ser utilizadas apenas como uma forma de mascarar uma situação que normalmente se mostra desafiadora. Use-as para os momentos interessantes também, sempre compartilhando as etapas com a criança.

Pratique bastante e perceba como isso pode tornar seus dias mais equilibrados. Crianças, quando percebem que têm controle, quando sabem que são ouvidas em suas escolhas, sentem-se inevitavelmente validadas. E se existe uma máxima na educação de crianças, é que, se elas se sentem bem, se comportam bem.

Por fim, mesmo correndo o risco de parecer repetitivo, tanto quanto os combinados, oferecer escolhas não é uma ferramenta mágica. Você pode ter que lidar com uma criança que rejeita todas as opções, que ofereça novas, e cabe a você avaliar, flexibilizar, reorganizar. Nenhuma das ferramentas que apresento neste livro são "à prova de choro", e talvez a essa altura da jornada você já tenha percebido que fugir do choro não é o objetivo.

Empatize, repita, mantenha o limite e siga em frente.

Hoje é sexta-feira da segunda semana da sua jornada! Seja sincero: você se imaginou chegando tão longe? Já consegue perceber mudanças na sua forma de lidar com os filhos? Espero muito que sim e que você já esteja levando no coração pedacinhos desse percurso que transformaram você.

Lembre-se do check-in, da meditação e de refletir sobre o dia no diário. Você não imagina o quanto os pais e mães que já participaram desta jornada se emocionaram ao reler seus apontamentos depois que concluíram as atividades.

EM RESUMO

- Pratique com você mesmo pequenos combinados para cumprir ao longo do dia. Certifique-se de que faz, sim, coisas demais e de que está mais consciente sobre o que faz e como se sente.
- Estabeleça combinados com seus filhos hoje: eles devem envolver tanto atividades divertidas, como passeios, até tarefas não exatamente lúdicas, como arrumar os brinquedos.

- Use e abuse das escolhas. Envolva seus filhos nos processos que dizem respeito a eles mesmos, como tomar banho e almoçar. Por exemplo, dando uma oportunidade para que escolham, entre opções limitadas, que tipo de comida vão querer ou que brinquedo levarão para o chuveiro.

CHECK-IN DIÁRIO

☐ Como me sinto agora?
☐ Como foi o dia de ontem?
☐ Em que aspecto preciso de autocompaixão?
☐ Qual é o meu desafio do dia?
☐ Meditação para quem tem filhos.

DIA 13: ACOLHIMENTO QUE TRANSFORMA

Com raríssimas exceções, crianças adoram adesivos. Eu não sei o que acontece, mas existe uma magia em torno de colantes de qualquer tipo que faz as crianças ficarem felicíssimas quando ganham desde uma pequena cartela até um caderno recheado deles, independentemente da idade. Acredite, tenho filhos em idades bem diferentes e ninguém resiste a um bom adesivo aqui em casa.

Mas quando se é menor, como a Maya, aos três anos, é difícil lidar com a tempestade de emoções que atravessam você. Começando com a euforia de ganhar os adesivos, passando pela excitação de colá-los, chegando à frustração de quando acabam e culminando na inveja, ao constatar que os irmãos mais velhos ainda têm alguns.

— Eu quero o adesivo do Gael!
— Não, Maya, é meu.

Pronto, situação criada. Maya já falava gritando e Gael já respondia irritado, receoso de que eu pedisse a ele para dar alguns dos adesivos à irmã.

— Ah, Gael, pera lá, né? Você tem sete anos, não precisa mais ficar brincando de adesivo, pode muito bem dar alguns para sua irmã, que é pequena!

Eu poderia ter dito isso. Já disse algumas vezes, inclusive. Mas sei que não é o caminho ideal. Quando não estou cansado, esgotado, sobrecarregado — o que raramente acontece —, prefiro seguir outra via, a do afeto. Não é a mais fácil, porém é a mais eficiente no longo prazo.

O caminho fácil (Gael dividir os adesivos) pode parecer uma solução rápida e eficiente, mas não é. Sabe por quê? Porque nem isso vai resolver o problema da Maya, que vai ganhar os adesivos extras, colá-los e pedir mais até todos os adesivos da casa acabarem, o que a levará de volta ao lugar que estamos tentando evitar: lidar com suas raivas e frustrações.

Além disso, esse "caminho fácil" provoca uma cascata de efeitos negativos: começa gerando no Gael a sensação de que não é importante e de que está desprotegido, porque nada é dele de verdade — ou até pode ser, mas só se nenhum irmão desejar. Isso faz com que o Gael se ressinta e fique achando que eu priorizo a irmã, o que leva, por sua vez, a mais um encadeamento de efeitos, agora o ressentimento e a raiva que ele terá da irmã, que pegou o que era dele. Esses efeitos podem inclusive ressurgir em outros momentos, quando o Gael fizer algo para implicar com a Maya, como uma forma de se vingar.

Complexo, né? Demais. Isso acontece bastante, em todas as famílias, inclusive na minha. Não se julgue por isso, mas tente ficar atento aos sinais. Às vezes mergulhamos em espirais de conflitos porque, em algum ponto do passado, decidimos não lidar com sentimentos difíceis.

Voltando à história dos adesivos, o que eu disse, naquela ocasião, foi algo como:

— Nossa, filha, você gosta muito mesmo de adesivo, né? Gosta tanto que já colou todos os seus. Gosta taaaaanto, taaaaanto, que agora quer os adesivos do Gael! E como você não pode pegar os adesivos do Gael, está muito triste e brava. Eu entendo você, filha. Venha cá, venha no colo do papai, que eu posso ajudar você com esses sentimentos.

O que eu fiz, e prefiro fazer, é validar o que meus filhos estão sentindo, como aconteceu com a Maya. Eu a ajudo a se sentir compreendida e importante, a saber que entendemos que os sentimentos dela são genuínos e que respeitamos o que ela está passando. Isso não significa que vou dar os adesivos a ela, mas que vou ajudá-la a atravessar esses momentos difíceis. E é o que deveríamos fazer mesmo: ajudar as crianças a navegar por esses mares tempestuosos de emoções desconhecidas.

Claro, isso não resolveu magicamente a questão nem vai resolver de uma hora para outra, mas é um processo. Com a fala e o colo que ofereci à Maya, ela conseguiu se acalmar muito mais depressa, logo mudando sua atenção para me mostrar os adesivos que já tinha colado.

Acredite, acolher e nomear sentimentos é uma das ferramentas mais poderosas que temos na educação dos nossos filhos. Portanto, gostaria que você fizesse isso hoje.

CONSTRUINDO COMPETÊNCIAS

O acolhimento que transforma é genuíno por natureza, ao contrário do acolhimento fake, tão difundido por aí, em que o intuito na verdade é apenas silenciar a dor do outro.

— Poxa, filho, você bateu o pé, né? É difícil, mas não foi nada, já passou. Olha ali uma borboleta.

Temos tanta dificuldade para lidar com as emoções, em especial as relacionadas a raiva, frustração, perda ou dor, que mesmo quando achamos que estamos acolhendo nossos filhos só estamos tentando desviar a atenção deles. Como nesse exemplo, em que em menos de um segundo saímos de "é difícil" para um "já passou", esquecendo que quem sabe se já passou ou não é a criança, e não nós.

— Eita, você foi demitida? Minha nossa! Mas veja, pelo menos você tem saúde, não tem por que se sentir triste, é só conseguir outro emprego. Já começou a olhar os anúncios na internet?

Nesse exemplo, a dificuldade de lidar com a demissão de alguém de quem gostamos nos faz entrar em pânico a ponto de sair de um "minha nossa" para um "seja grato por ter saúde". Precisamos lembrar que tudo bem nos sentirmos mal, tristes, com raiva das coisas que acontecem em nossas vidas. Lidar com isso inevitavelmente passa por olhar para os nossos sentimentos e dizer:

— Oi, raiva, estou vendo você aí. Eu não sou uma pessoa ruim, tudo bem eu sentir isso.

Esse é um grande paradigma a se mudar, mas com prática conseguiremos acolher genuinamente não apenas nossos filhos como a nós mesmos. Por outro lado, você pode estar pensando: "Mas eu nunca recebi esse tipo de acolhimento na minha infância, como posso oferecer para os meus filhos algo que nunca tive?".

A boa notícia é que, felizmente, somos capazes de mudar. Caso contrário, estaríamos fadados a criar os filhos exatamente da mesma forma, de geração em geração, replicando os mesmíssimos ciclos de violência. Certa vez, um grande amigo, o psicólogo Alexandre Coimbra Amaral, me disse que é também na ausência que desenvolvemos competências, e essa frase vem me acompanhando desde então, ajudando a lembrar que não dependemos de tudo o que recebemos na infância. É sempre possível mudar. Demanda trabalho e esforço ativos, mas é possível.

OBSERVE SUA LINGUAGEM E PRATIQUE O AUTOACOLHIMENTO

Imagino que, se você leu até aqui, já entende que eu sou um pai normal e, com mais frequência do que gostaria, erro com meus filhos. Sou impaciente, grito, fico bravo por motivos bestas. Acontece que não foi só você que já se deu conta disso. Os meus filhos também, e há muito tempo.

Dia desses eu estava mais impaciente que o normal, mas não tinha consciência disso. Normalmente eu sei quando não estou bem, mas nesse dia foi diferente. Eu achava que estava tudo ok, até que, quando anoiteceu, o Gael, com seus sete anos, chegou para mim e disse:

— Pai, você está muito cansado e sem paciência, né? Eu e o Dante vamos pegar leve e tentar não brigar tanto, pra você não ficar ainda mais nervoso. Espero que você consiga descansar.

— Quê? Não, filho, eu não estou bravo não! Estou bem. Cansado? Sempre. Mas não estou sem paciência não.

— Mas, pai, é que seu olho está assim, com uma cara esquisita...

E então ele me imitou, bufando e soltando ar pela boca. Gael, com toda a sua sensibilidade, não apenas tinha captado isso como veio conversar sobre o assunto.

— Verdade, filho, obrigado por me avisar. Eu nem tinha percebido. Acho que estou mesmo cansado, sabe?

Devo admitir, esse tipo de interação é bastante recorrente aqui em casa, tanto que eu precisava dedicar um momento inteiro desta jornada para praticar isso com você aí, que está lendo.

Nessa parte do exercício, preste atenção na forma como você está se comunicando verbalmente, mas sobretudo como o seu corpo está se comunicando. Não é tão incomum assim que esses dois elementos passem mensagens contraditórias, como acabei de contar na história com o Gael. Isso não apenas deixa uma mensagem confusa para os nossos filhos como também mostra o quanto estamos confusos dentro de nós mesmos.

Nossos filhos conseguem nos ler com uma precisão incrível, independentemente da idade. Então, quando formos acolhê-los por qualquer motivo, precisamos estar atentos. Será que a nossa fala está ansiosa demais, ou tem um tom ameaçador? Como é a nossa linguagem corporal? Estamos apresentando sinais e expressões de raiva ou impaciência?

É importantíssimo saber que a forma com a qual nos comunicamos desempenha um papel crucial no acolhimento dos nossos filhos, porque precisamos ser a brisa que acalma, não o combustível que aumenta o incêndio. Quando estamos falando de crianças não verbais isso se torna ainda mais importante, porque são essas deixas que elas vão tentar decodificar para deduzir se está tudo bem ou não, mais até que as palavras que você diz.

Ao longo do dia, é provável que seu filho faça algumas besteiras, malcriações ou birras. Sobretudo nesses momentos, procure focar a atenção em você mesmo e em como reage a essas situações, não apenas na fala, mas no corpo também. Se você perceber que fica tenso ou fora do prumo sempre que depara com uma malcriação do seu filho, isso é um sinal de alerta. Você precisa encontrar formas de se acalmar antes de fazer qualquer coisa com ele nesses momentos. Tente respirar, contar até dez, sair de perto da zona de conflito e andar pela casa, conversar consigo mesmo:

- Respire, você está passando por um momento difícil, é normal.

- Seu filho não é ruim, você não é um pai (ou mãe) ruim. Só está tendo um dia ruim.

- Um, dois, três, quatro, cinco, preciso retomar o controle das minhas emoções.

Essas etapas fazem parte do autoacolhimento tão necessário para nós, pais e mães. Precisamos entender que não é aquele grito que nos define, e sim quem somos ou o que construímos todos os dias. Lembre-se de ser seu melhor amigo, aquele que sempre tem uma palavra gentil, que dá tapinhas nas suas costas, dizendo que vai passar.

CONEXÃO EM PRIMEIRO LUGAR

Esta é a parte mais desafiadora: agora você precisa acolher seus filhos o máximo possível. Sobretudo quando eles menos parecem merecer qualquer tipo de acolhimento, acolha-os, pois é justamente nesses momentos que eles mais precisam disso.

A conexão deve sempre vir em primeiro lugar, e normalmente começa no acolhimento, nas horas difíceis. Essa conexão vai permitir que você ajude seus filhos a se regularem emocionalmente da forma mais eficiente, porque, quando estão desregulados, seus pequenos cérebros se inundam do hormônio do estresse, o cortisol, que ativa neles o modo básico de sobrevivência: luta ou fuga.

Em outras palavras, eles estão muito menos propícios a ouvir o que temos a dizer. Pense na fábula dos Três Porquinhos: Cícero era o porquinho que queria acabar logo de construir a casa para brincar, e por isso usou só palha. Provavelmente, em algum lugar dos seus pensamentos, uma voz dizia que aquela talvez não fosse uma boa ideia, mas essa voz foi abafada pela vontade de brincar.

Como todo mundo sabe, o Lobo Mau chega e, apenas com um assopro, derruba a casa do Cícero e se prepara para devorá-lo. Imagine, agora, se um dos irmãos aparecesse para dar um sermão e uma breve aula de engenharia civil sobre a construção de moradias resistentes. Será que o Cícero conseguiria ouvir alguma coisa? Claro que não, pois seu cérebro já estava no modo de luta ou fuga, mais especificamente de fuga, para pedir abrigo na casa do irmão. É basicamente assim que funcionam os nossos filhos, com a diferença de que nós insistimos em dar a aula de engenharia civil para eles e ainda ficamos frustrados quando percebemos que eles não ouviram nada.

Por isso é tão importante acolher e conectar primeiro, porque só depois que esse modo de luta ou fuga é desativado os cérebros de nossos filhos estão aptos a refletir sobre o que fizeram e reparar qualquer situação.

Para ilustrar melhor a importância do acolhimento e do conceito de conexão em primeiro lugar, vamos imaginar que você levou seu filho para brincar na pracinha. Tudo estava indo muito bem até que ele desejou o brinquedo de outra criança, que, obviamente, não quis emprestar. Seu filho, que não tem condição de lidar com seus sentimentos da forma como os adultos fazem (ou deveriam fazer), acaba batendo na criança.

O que fazer agora? Você pode cogitar bater, gritar, ameaçar ou dar um sermão, mas infelizmente nenhuma dessas alternativas sequer é respeitosa, muito menos eficiente. Como você deve imaginar, a solução é acolher, não explicar. Tente ignorar todos os olhares (externos e internos) que estão julgando seu filho e aguardando uma reação sua e lembre-se de se conectar primeiro.

— Caramba, filho, você queria tanto aquele brinquedo que, quando o menino não emprestou, você ficou com raiva. Tanta raiva que você começou a gritar e empurrou o menino, e você sabe que isso não é certo. É difícil mesmo não conseguir os brinquedos que você quer, eu entendo. Estou vendo como você está irritado, então vamos respirar juntos aqui, vem comigo. Conte um, dois, três. Isso, respire. Eu sei que é difícil.

Obviamente, essa sugestão precisa ser adaptada para a sua situação e a idade do seu filho, e considerando que a outra criança não se machucou. Sempre que alguma criança se fere em alguma disputa dessas, precisamos primeiro prestar socorro à criança ferida.

Assim que você perceber que seu filho já está um pouco mais controlado emocionalmente, é o momento de corrigir e reparar:

— Sei que é difícil, filho. E sei que você não queria empurrar o menino. Sei que você sabe que não devemos bater, né? Agora que você está mais calmo, você sabe o que precisamos fazer, né? Eu vou estar com você sempre para ajudar, e agora é hora de cuidar do amiguinho e consertar o que você fez.

Consegue perceber a diferença? Se você começa a sua fala de forma acusatória, ativando gatilhos de vergonha e medo no seu filho, é muito provável que ele nem deseje pedir desculpas, ou que só faça isso porque se sente ameaçado, por obrigação.

Acolher primeiro passa por um dos nossos maiores mantras, que é sempre lembrar que nossos filhos não são ruins. Eles são bons, tentam fazer o seu melhor, mas passam por momentos ruins. Acolha de forma genuína, porque a conexão sempre vem antes da correção e da reparação.

Muitos podem confundir essa abordagem com permissividade, mas é só uma questão de abordar problemas difíceis de formas eficientes. Gritar ou humilhar nossos filhos em público nunca será eficiente para ajudá-los a se regularem e se arrependerem verdadeiramente a ponto de buscarem maneiras de reparar seus erros.

Permissividade passa longe desse conceito, porque não envolve responsabilização. E o que estamos praticando aqui é uma responsabilização empática: mais tarde, será possível relembrar a situação com nossos filhos e buscar alternativas saudáveis para que aquilo não se repita, com o foco sempre na solução dos problemas.

— Filho, lembra mais cedo, quando você empurrou o menino que não quis emprestar o brinquedo? Você ficou com muita raiva, né?

— É, e machuquei o amigo.

— Eu imagino que não foi legal mesmo! Mas o que você acha que podemos fazer da próxima vez para ninguém se machucar?

— Ah, eu posso esperar a minha vez brincando com outra coisa!
— É uma ótima ideia, filho! E se demorar muuuuuito e você ficar com raiva?
— Hum, eu posso ir correndo para você e pedir ajuda.
— Boa ideia! Você pode vir correndo, falar que seu vulcãozinho quer explodir, e a gente respira juntos para acalmar o vulcãozinho, que tal?
— Gostei!

Mudar a chave de como reagimos a situações de descontrole emocional dos nossos filhos é complicado. Eu sei, estou há mais de dez anos praticando isso, e sempre em desenvolvimento. A ideia com esse dia da sua jornada é mostrar que existem alternativas não apenas mais respeitosas com as crianças como também mais eficientes do ponto de vista da neurociência.

É sempre bom frisar, no entanto, que nem sempre as coisas seguem exatamente como nos diálogos que usei nos exemplos de hoje. Eles são mais como guias, para mostrar maneiras de estruturar nossas abordagens e deixar claro que, se a reação dos nossos filhos fica mais intensa, precisamos reforçar o acolhimento e a conexão. Se a criança começa a avançar na crise de choro, acolha ainda mais. Se ela recusar seu colo ou abraço, respeite esse espaço seguro dela, mas fique perto e garanta que ela saiba que você está ali, próximo e disponível emocionalmente.

Muitos pais e mães dos grupos de foco relataram dificuldade de quebrar seus próprios ciclos de violência, e talvez você esteja se sentindo dessa forma também. Registre isso no seu diário, porque será importante para o seu eu de amanhã reconhecer esse trabalho.

Quisera eu, dez anos atrás, ter a ideia de escrever em um caderno como achava essa coisa de acolher difícil e até certo ponto inútil. Faria um bem imenso poder ler hoje o que eu passei naqueles primeiros anos e ver como as coisas agora são mais simples, justamente pelo que já construí com meus filhos em termos de conexão ao longo dos anos.

Afinal, mesmo nas ausências conseguimos construir competências.

E já que estamos falando do diário, aqui vai o lembrete amigável de fazer o seu check-in, garantindo seus cinco a dez minutos de meditação para dar aquela limpada na mente. Asseguro que, principalmente depois de hoje, essa meditação será mais do que necessária.

EM RESUMO

- Entenda que o acolhimento é a chave de tudo e que somos capazes de acolher nossos filhos, mesmo que não tenhamos recebido em nossa infância o tanto de que precisávamos.
- Perceba como você se comporta em situações desafiadoras em relação ao comportamento do seu filho. Qual é a sua linguagem verbal e corporal? O que você comunica ao seu filho nesses momentos? Entenda que nossos filhos são mestres em ler nossas mensagens não verbais.
- Pratique o acolhimento em todos os momentos, sobretudo naqueles em que a criança menos aparenta merecer. Em situações de mau comportamento, acolha primeiro, ajudando seu filho a entender o que está sentindo e depois a reparar o erro. Ele aprenderá importantes lições sobre a solução de problemas.

CHECK-IN DIÁRIO

☐ Como me sinto agora?
☐ Como foi o dia de ontem?
☐ Em que aspecto preciso de autocompaixão?
☐ Qual é o meu desafio do dia?
☐ Meditação para quem tem filhos.

DIA 14: REPARANDO A COLCHA DE RETALHOS

Todos os dias recebo muitas mensagens nas minhas redes sociais. É um trabalho e tanto gerenciar tudo, mas sempre olho com carinho a minha caixa de solicitações de mensagens, porque sei que inúmeras pessoas precisam de ajuda e depositam em mim a confiança para obter uma palavra de apoio em um momento difícil.

Certa vez recebi a mensagem de uma mãe desesperada porque sua filha de três anos tinha agredido uma colega na escola. A menina tinha acabado de dar um chute na cara de outra criança e contou para a mãe o que tinha acontecido, mas não sabia explicar por que chutou a amiga. Simplesmente chutou e ponto. Indignada e sentindo-se culpada, a mãe começou a palestrar para a filha. Disse que aquilo era muito feio, que ninguém naquela casa batia em outra pessoa, que ela não gostaria que os coleguinhas fizessem o mesmo com ela.

Perdida, sem saber o que fazer, mas sentindo muita raiva e vergonha, a mãe decidiu que, além da palestra, tiraria o vestido de princesa da filha. O vestido estaria fora do alcance da menina até que ela o "merecesse" novamente. Logo depois mandou a mensagem pedindo socorro para mim, enquanto a filha assistia a desenhos de paisagem para relaxar.

— Thiago, por favor, me ajude. Eu não sei o que fazer, você me entende? O pai já conversou com ela também. Como eu mostro mais ainda que isso está errado, mas sem passar da medida?

— Oi, querida, que difícil! Eu entendo seu choque e revolta, mas lembre-se de que sua filha só tem três anos. Ela mal consegue controlar os impulsos. Vai fazer coisas que até sabe que são erradas, mas não vai conseguir controlar esses ímpetos tão bem, porque essa habilidade começa a se desenvolver justamente aos três anos.

— Eu entendo.

— E olha, sei que a gente tenta fazer tudo o que está à nossa mão, mas não acho que tirar o vestido ou fazê-la se sentir mal ajude de verdade.

— Eu sei...

Continuamos a conversa assim até que eu sugeri que ela se concentrasse em reparar o que fora feito, porque todos nós erramos, e sempre vamos errar. Por isso é tão importante saber como reparar os erros, remendar as relações.

Eu propus que ela e a filha pedissem desculpas à amiga. Ela podia fazer um desenho ou uma cartinha, ou levar um lanche para a amiga, como maneira de mostrar arrependimento. Mas não apenas isso: devia deixar claro que estava disposta a cuidar da colega, que ela era importante.

— Nossa, que ideia maravilhosa, Thiago! Você acha que eu devo pedir desculpas para os pais?

— Acho que pode falar, sim, e dizer que está conversando e que vão fazer algo para pedir desculpas.

— Ótimo!

— Mas veja, falar com os pais da menina vai fazer bem mesmo é para você, não necessariamente para a sua filha.

Vai ajudar a aliviar a culpa que você está sentindo, o que é superválido. Mas é sempre bom separar as coisas.

— Nossa que ideia maravilhosa!

Algumas horas depois, ela voltou a escrever, atualizando a situação:

— Segui a sua dica. Ela fez dois desenhos e uma borboletinha e uma cachorrinha de massinha. Foi tão mais leve assim!

— Excelente!

— E ela está dizendo que vai se comportar amanhã... Ai, obrigada... Acho que ela vai se sentir melhor também dando o presente para a coleguinha.

— Está vendo? A solução está no afeto!

— O-bri-ga-da!

Nunca mais ouvi nada dessa mãe, mas imagino que o reencontro das meninas na escola tenha transcorrido bem e que elas tenham vivenciado a força que as ações reparadoras trazem. Isso acontece porque quando queremos consertar algo geramos ação. É o contrário do que ocorre se nos concentramos na culpa, no sentir-se mal: ficamos paralisados, fermentando sentimentos de inadequação, culpa e vergonha.

Você perceberá que, nesse dia, utilizaremos muito da comunicação não violenta (CNV), uma forma de nos comunicarmos empaticamente criada por Marshal Rosenberg. Ao longo dos dias anteriores, você foi convidado a utilizar alguns recursos da CNV sem que eu precisasse apontar o que era, mas agora é essencial refletir e praticar a CNV com consciência, sobretudo porque, como o próprio Rosenberg dizia, "Quando nos concentramos em esclarecer o que está sendo observado, sentido e necessário, em vez de diagnosticar e julgar, descobrimos a profundidade da nossa própria compaixão".

De forma muito resumida, a CNV se estabelece sobre quatro pilares da comunicação:

- Observação sem julgamento;
- Identificação de sentimentos, que são diferentes de opiniões;
- Entendimento de necessidades, que estão ligadas aos sentimentos;
- Comunicação de pedidos, sem confundir com ordens ou ameaças.

Pedir desculpas é um excelente exercício de CNV porque requer que observemos o ocorrido sem julgar; identifiquemos nossos sentimentos em relação ao ocorrido, assumindo responsabilidade por eles (sem transferi-los para outras pessoas), para que então entendamos nossas necessidades a partir desses sentimentos; e, finalmente, possamos verbalizar nosso pedido de desculpas de forma genuína, conectada e compassiva.

Pode ser que isso esteja parecendo abstrato demais para você, então vamos entender um pouco mais por etapas, e praticando.

PEDINDO DESCULPAS NO MUNDO ADULTO

Nós crescemos e nos ensinaram que pedir desculpas era, de certo modo, uma expressão de fraqueza. Pedir desculpas é reconhecer que erramos, e o mundo não costuma ser tão amigável com quem erra, não é mesmo? Mas que bom que você está aqui, nesta jornada, percebendo que todos nós podemos mudar um pouco o mundo e torná-lo mais compassivo, principalmente com quem erra.

Por isso, exercite agora seu pedido de desculpas com quem você errou. Pense em familiares, amigos ou parceiros amorosos com os quais tenha errado recentemente e peça desculpas. Escrevendo assim parece simples, mas foi nesse ponto que eu vi muitas das pessoas dos grupos de foco relatarem uma enorme dificuldade.

E sabe por quê? Porque o peso da culpa é sempre grande demais para assumir as parcelas de responsabilidade que nos cabem. Tente se desvincular desse sentimento, porque ele só faz com que você permaneça no modo defensivo, dando desculpas falsas como:

— Pai, eu queria pedir desculpas por aquele dia em que falei que você nunca mais pisaria na minha casa, mas é que você não colabora, está sempre me irritando e se metendo onde não é chamado.

Se analisarmos esse exemplo, vamos observar que as desculpas vão bem até o "mas", que costuma ser um dos maiores vilões da comunicação não violenta. O "mas" entra como um anulador de tudo que vem antes, deixando toda a responsabilidade de algo que você fez ou sente recair sobre a outra pessoa.

Não confunda isso com não responsabilizar as partes que cabem às outras pessoas, mas há uma forma mais genuína de pedir desculpas, como:

— Pai, eu queria pedir desculpas por aquele dia em que falei que você nunca mais pisaria na minha casa. Eu perdi o controle, estava com muita raiva e de cabeça quente, então acabei falando algo que eu não queria e que machucou você. É difícil me controlar quando me sinto encurralado, então gostaria muito que você evitasse implicar comigo ou me questionar sobre minhas decisões na minha casa. Você poderia fazer um esforço para não fazer isso? Eu ficaria muito agradecido e aliviado.

Lembre-se: pedir desculpas não é fracasso, derrota ou fraqueza. Muito pelo contrário, é uma demonstração de coragem, porque você reconhece as suas falhas e as entende como oportunidades de aprendizado.

Ao praticar com pessoas adultas que são importantes na sua vida, você vai perceber, assim como os pais e mães dos grupos de foco, que, ao contrário do que todos pensam, pedir desculpas não nos deixa pesados e envergonhados. É a culpa que faz isso; as desculpas nos trazem leveza e nos deixam em paz com nós mesmos e com quem amamos.

O MODELO QUE ENSINA: PEDINDO DESCULPAS AOS NOSSOS FILHOS

Agora que você já praticou um pouco com gente grande, é hora de tornar o exercício mais desafiador e pedir desculpas para os seus filhos. Eu digo desafiador por diversos motivos, mas o principal deles é porque, no senso comum, a ideia é que pais e mães jamais podem dar sinais de que erraram para os filhos, pois, aparentemente, se perde a "autoridade" diante deles.

Perceba as aspas em "autoridade". Se você entende que uma autoridade deve ser a figura de um líder inspirador, um líder que escolhemos seguir, não faz muito sentido imaginar que essa figura deva ser perfeita. Duvido que eu ou você gostaríamos de seguir uma autoridade que se coloca como alguém perfeito, porque isso tira a humanidade da pessoa e, pior ainda, a afasta.

Se queremos desenvolver, como já fizemos nos dias anteriores, uma figura de autoridade eficiente perante nossos filhos, precisamos nos mostrar como seres humanos, portanto, falhos. Mais ainda, precisamos entender que uma das formas mais poderosas para ensinar qualquer coisa é sendo o modelo.

Para que o ato de pedir desculpas se torne um processo tranquilo e libertador para os nossos filhos, eles primeiro precisam nos ver nos desculpando muito com eles, e de forma genuína, como a CNV nos ajuda a fazer.

Cabe ressaltar aqui que eu gosto muito de fazer uma analogia para explicar os vínculos que construímos com nossos filhos. Vínculos são como colchas mantidas por gerações na família. Uma colcha de verdade, valorizada e amada, é cheia de retalhos, cada um representando um momento em que houve uma reparação no vínculo, um pedido de desculpas genuíno. Um vínculo seguro é criado não por causa da ausência de erros ao longo dos anos, mas sim por quão bem-sucedidos foram os remendos nessa colcha de retalhos chamada relação.

Procure, então, relembrar acontecimentos recentes em que você tenha errado com o seu filho. Cá entre nós, só eu e você aqui neste livro, sabemos que é fácil encontrar esses erros. Nós erramos demais com os nossos filhos, só não gostamos de admitir.

Pegue um acontecimento recente e peça desculpas, usando a CNV que praticamos antes. Lembre-se de que nossos filhos nunca são responsáveis ou culpados pelas nossas ações. Elas são de responsabilidade inteiramente nossa, e portanto podemos pedir desculpas. Faço isso com bastante frequência com meus filhos.

— Dante, eu queria pedir desculpas, filho, por mais cedo.

Eu estava já com a cabeça cheia, muito irritado e cansado, até que gritei com você.

— Tudo bem, pai, eu também estava implicando com o Gael, né?

— Sim, você estava. Mas o meu grito não é culpa sua. É culpa minha. Se eu gritei, perdi o controle e errei, e peço desculpas por isso, é porque eu poderia ter controlado meus sentimentos e ajudado você a resolver a situação com o seu irmão.

— Ah, verdade. Tá bem, pai. Desculpa por irritar o Gael também.

— Olha, filho, acho que essas desculpas não são exatamente para mim, né? Talvez seja interessante você conversar com o seu irmão.

— Verdade, vou falar agora!

Nossos filhos precisam da certeza de que nossos erros não são responsabilidade deles, e que eles continuam sendo amados independentemente dos nossos gritos e falhas. Essa é uma das certezas mais importantes que eles precisam ter para que a nossa colcha de retalhos seja cada vez mais forte e macia, um lugar onde possam descansar nesse amor.

O EXERCÍCIO BRINCANTE DO PEDIDO DE DESCULPAS

Como eu já disse, as crianças aprendem muito bem através do modelo, mas essa não é a única forma. Outra bastante poderosa é a ludicidade: é brincando que elas entendem o mundo, suas regras, suas relações. No brincar existe o laboratório mais rico dos nossos filhos, e podemos também praticar as desculpas com eles dessa forma, para que não se sintam forçados nem constrangidos.

A proposta aqui é pegar alguns bichinhos de pelúcia e fazer um teatrinho, simulando uma situação em que o seu filho tenha se envolvido, e imitar como as outras pessoas se sentem e como é possível pedir desculpas.

— Filho, vamos brincar de teatrinho? Essa girafa aqui é a Juju e esse ursinho é o Biel. Eles foram brincar na pracinha da Peluciolândia até que o Biel viu uma pá muito incrível na mão da Juju.

— Uau, Juju, me dá essa pá?

— Ah, não, Biel, ela está comigo, espera um pouco que já empresto.

— Não, eu quero agora! AGORA! — e Biel puxa a pá com tanta força que a Juju cai no chão.

— Buaaaaaá! Coitada da Juju, ela agora está sem a sua pá preferida e ainda se machucou! O que você acha que podemos fazer?

Nesse momento, interrompa a história para dar oportunidade ao seu filho de sugerir algo. Inclua-o no teatrinho, avalie as opções junto com ele e, assim que vocês chegarem a um acordo, voltem à história.

— Juju! Como você está? Se machucou? Deixa que eu vou cuidar de você! Você quer um gelinho?

— Quero, Biel, eu bati a minha cabeça e ela está doendo. Acho que o gelo vai ajudar.

— Pronto, já peguei um gelinho para você. Vou ficar segurando para você não se preocupar. Respire fundo!

— Obrigada, Biel.

— Mas sabe, Juju, eu queria pedir desculpas também. O que eu fiz não foi legal, eu não controlei a minha raiva e acabei usando a força porque gostei muito daquela pá. Desculpa, eu não queria causar isso. Da próxima vez podemos combinar quantos minutos vai demorar para você me emprestar? Acho que assim vou conseguir entender melhor quando é a minha vez!

— Está bem, Biel, pode ser sim!

Essa é apenas uma sugestão, e você pode trocar o cenário, os personagens e até mesmo a disputa central. O importante é que seja alguma ocasião em que seu filho possa se identificar e que ele consiga participar da solução do conflito.

No final do teatrinho, converse com ele sobre o que ele entendeu, sobre o que achou legal e se tem algo que gostaria de fazer no lugar de um dos personagens. É importante que o tom dessa encenação seja leve, de brincadeira, para seu filho entender bem a proposta.

Depois de muitas desculpas e um pouco de CNV, chegamos ao fim da nossa segunda semana. Esse dia marca um período com muitas práticas e provocações complexas, mas espero que você esteja sentindo os benefícios desta jornada. Como não é o objetivo deste livro me aprofundar em teorias, caso você tenha se interessado, recomendo a leitura de *Comunicação não violenta*, de Marshal Rosenberg, para se aprofundar nesse universo.

Espero que você, assim como eu, perceba o quanto é importante praticarmos uma comunicação mais empática e como isso não apenas transforma nossas relações com nossos filhos mas também com todas as pessoas ao nosso redor, sobretudo com nós mesmos.

Por fim, não se esqueça do check-in diário. Ele é particularmente importante nesse fim de ciclo intermediário, para você avaliar o que faz sentido para você e sua família.

EM RESUMO

- Comece treinando seu pedido de desculpas com pessoas importantes na sua vida, como familiares, amigos, parceiros, colegas. É o momento de entender que se desculpar não é sinal de fraqueza, mas sim de coragem e vontade de melhorar.
- Nossos filhos aprendem muito bem através do modelo, então uma das melhores formas de mostrar como se deve pedir desculpas é pedindo desculpas para eles. Relembre situações recentes em que você tenha errado e se desculpe com seu filho, garantindo que ele entenda que não é culpa dele quando você erra.
- Outra forma eficiente de mostrar e praticar situações específicas com os nossos filhos são as brincadeiras. Encene um teatrinho com bichinhos de pelúcia sobre alguma situação de conflito em que um dos personagens precise se desculpar. Convide seu filho a participar dos processos decisórios e, depois, converse com ele sobre o que ele achou.

CHECK-IN DIÁRIO

- ☐ Como me sinto agora?
- ☐ Como foi o dia de ontem?
- ☐ Em que aspecto preciso de autocompaixão?
- ☐ Qual é o meu desafio do dia?
- ☐ Meditação para quem tem filhos.

Semana 3
Olhando para a frente

Duas semanas já se passaram e você continua aqui, prosseguindo nesta Jornada do Afeto. Eu gostaria de dar meus mais sinceros parabéns a você que, além de todas as demandas da vida com filhos, conseguiu dedicar um tempo, ao longo dos últimos catorze dias, para as atividades dessa caminhada.

Mas não apenas isso. Você também dedicou esse tempo e sua disponibilidade emocional a você mesmo, a seus filhos, às suas relações em geral. E isso é algo importante de reconhecer. É muito difícil conseguirmos separar tanto tempo para algo que, por vezes, pode gerar reflexões incômodas. Então, novamente, meus parabéns!

A terceira — e última — semana tem uma característica diferente das outras. Ao longo dos próximos sete dias, você será convidado a fazer algumas reflexões e atividades, mas não com a intensidade das semanas anteriores, porque a motivação agora é diferente. Alguns dias serão mais dedicados a reflexões que você fará no seu diário, outros trarão propostas de atividades práticas para você dar continuidade na experimentação do poder que tem uma criação centrada no afeto e no vínculo.

Desta vez, nossa intenção será olhar para a frente, para que você consiga tornar esta Jornada do Afeto sua jornada de vida. Algo que, embora em parte, você levará para sempre, na eterna busca de estabelecer relações equilibradas com seus filhos e consigo mesmo. É o momento de reencontrar o que você pensava e sentia nos primeiros dias da jornada, comparar com o que vê hoje e escolher quais ferramentas, propostas ou atividades continuam fazendo sentido para sua família.

Mesmo correndo o seriíssimo risco de ser repetitivo, teremos mais sete dias de dedicação ao check-in diário. A essa altura, você já consegue perceber a importância desses poucos minutos da sua rotina para o seu bem-estar e o bem-estar das suas relações. Aqui vão as atividades e propostas dos próximos dias, para você já ter um gostinho:

15. Enchendo o potinho do amor;

16. Encontrando a bondade dos seus filhos;

17. Construindo o tempo juntos;

18. Resolvendo problemas com reuniões de família;

19. Focando no que você pode mudar;

20. Lutando contra a parentalidade distraída;

21. Reconhecendo o que fazemos e planejando o futuro.

Vamos então a esta semana de despedida, mas com o olhar atento e carinhoso para o que vem pela frente?

DIA 15: ENCHENDO O POTINHO DO AMOR

O reservatório do afeto é uma das minhas analogias favoritas na parentalidade, porque ela capta a essência do que é a relação com os nossos filhos ao mesmo tempo que é uma lembrança poderosa de que precisamos cuidar de nós mesmos para cuidarmos de quem amamos.

Pense no reservatório de afeto como um tanque dentro de cada um de nós, que podemos abastecer e desabastecer com ações, sensações e sentimentos que nos façam bem. Como esse é um conceito que utilizo bastante com os meus filhos, acabo chamando de "potinho do amor".

O potinho enche à medida que os nossos filhos (e nós mesmos, uma vez que esse conceito é universal) se sentem legitimados para falar algumas coisas:

- Eu me sinto visto.
- Eu me sinto importante.
- Eu me sinto valorizado.
- Eu me sinto amado.
- Eu me sinto bem-vindo.
- Eu me sinto ouvido.

Todos esses "eu me sinto" enchem um pouco do nosso potinho do amor, e mantê-lo abastecido é essencial para evitarmos um esgotamento emocional, já que estamos sempre usando esse tanque:

- Quando pedimos para os nossos filhos pararem de brincar para ir à escola.

- Quando pedimos para os nossos filhos desligarem a TV para irmos ao mercado.
- Quando pedimos para os nossos filhos interromperem a leitura para tomar banho.

A cada vez que solicitamos algo, estamos tirando um pouco desse tanque, e o oposto acontece também. Ou seja, todas as vezes que temos que parar o que estamos fazendo para ajudar nossos filhos com o dever de casa, ou quando precisamos largar uma leitura para dar o jantar dos filhos, ou até mesmo interromper uma conversa para acolher um filho que chora. Todas essas vezes exigem que utilizemos um pouco do que temos em nossos próprios potinhos para dar aos nossos filhos.

O que costumamos dar com mais frequência é empatia. O problema é que, muitas vezes, não atentamos para o abastecimento, apenas para o desabastecimento, até o ponto em que nossos reservatórios emocionais estão completamente vazios — e, lamento informar, não conseguimos dar aquilo que não temos. É impossível sermos empáticos com os nossos filhos quando estamos com os potinhos vazios.

COMO ENCHER O POTINHO DO AMOR DAS CRIANÇAS

Vamos criar um hábito. Comece expondo para os seus filhos o que significa o potinho do amor. Você pode explicar de uma forma adaptada para a idade e o desenvolvimento deles, mas sempre em torno de uma ideia principal:

— Filho, você sabe o que é o potinho do amor? É um potinho que fica bem aqui, do lado do coração. É esse potinho que faz com que a gente se sinta amado, sabia? O potinho pode ficar, às vezes, beeem cheio, e aí a gente se sente muito amado e feliz. Às vezes, o potinho fica vazio, e a gente fica meio triste, meio bravo com a vida. Quando o potinho está vazio, a gente precisa de ajuda para enchê-lo novamente!

Se você tiver um filho mais novo, seja mais direto, com uma linguagem mais acessível:

— Filho, sabia que tem um potinho do amor bem aqui? É ele que faz a gente se sentir amado! Vamos encher o potinho?

Para encher o potinho, pense em tudo o que já praticamos ao longo da jornada e tudo o que você sabe que seus filhos gostam de fazer para se sentirem amados. Com os meus, normalmente uma sessão de abraços apertados ou até de risadas ajuda bastante a reabastecer os tanques emocionais, mas outros pais e mães indicaram estratégias muito boas:

- Pedir que eles contem suas histórias favoritas e ouvir com muita atenção e admiração.

- Fazer uma pequena sessão de carinhos verbais, reconhecendo qualidades e pontos positivos dos seus filhos: "Sabe, eu adoro a forma como você sempre se aproxima das flores para sentir o cheiro"; ou: "Filha, eu amo como você às vezes para e fica olhando para o céu, admirando a natureza".

- Conversar com outro adulto como se você não percebesse a presença do seu filho e falar sobre os pontos positivos dele para essa pessoa: "Olha, tem uma coisa que a Maya faz que eu acho tão linda. Ela adora ajudar os irmãos e inventar brincadeiras com todo mundo, fazendo com que todos se divirtam com ela".

- Não esquecer os abraços longos e apertados, os cafunés, os beijinhos, carinhos e até cócegas (se seu filho curtir cócegas), mas tudo feito de forma lúdica: "Hum, acho que precisamos encher um pouco desse potinho com amor, deixa eu ver aqui... Já sei! Abraços apertados! Está sentindo o potinho encher? Eu estou! Avise quando ele estiver cheio!".

Como tudo no mundo, isso não garante uma vida inteira sem desafios nem choros das crianças — nem é o nosso objetivo, afinal. Mas aumenta muito as chances de nossos filhos reagirem melhor ao que acontece no dia a dia, pois estão abastecidos das sensações que são as mais importantes para eles.

Isso acontece simplesmente porque eles se comportam melhor quando se sentem bem, uma vez que não têm dúvidas sobre se são amados ou não, se são importantes ou não, se são bem-vindos ou não. Por isso, pense nessa estratégia como algo que pode ser feito tanto antes quanto durante o caos.

— Filho, antes de você começar seu dever de casa, como está o potinho? Mais ou menos? O meu também! Venha aqui com o papai, para dar uma enchida nos nossos potinhos com muito abraço? Vou querer ouvir uma piada sua, isso sempre me ajuda!

— Filha, você está muito irritada! Eu vejo isso! Acho que talvez seu potinho esteja beeem vazio. Vamos encher um pouquinho? Que tal um colo apertado? Será que ajuda? Você tem outras ideias para encher o potinho?

ENCHENDO OS NOSSOS PRÓPRIOS POTINHOS
DE AMOR

Um dos maiores problemas das redes sociais é a romantização. Todos os dias pintam a parentalidade como algo lindo, quase sagrado. Inúmeros posts mostram os benefícios de doar toda uma vida aos nossos filhos, e isso é bastante perigoso, porque ativa diretamente gatilhos de culpa, especialmente nas mães, que são as mais cobradas pela sociedade.

A realidade é que, às vezes, só queremos que eles durmam. Que o dia acabe. Que possamos largar o crachá de pai e mãe e descansar. Não há nada de errado nisso, muito pelo contrário: é genuíno demais amar os nossos filhos enquanto detestamos todas as demandas que a parentalidade traz junto.

Tudo é potencializado, adivinhe só, quando os nossos próprios potinhos de amor já estão na reserva. Nós não podemos oferecer aquilo que não temos, então não adianta fazer mil cursos, ler mil livros e saber tudo sobre acolhimento e empatia: se você está esgotado, não consegue ser empático. Parte da importância do processo envolvido no dia de hoje é justamente reconhecer isso.

Portanto, por mais difícil que seja, é necessário buscar formas de abastecer o seu próprio potinho. Identifique o que ajuda você a se reabastecer e encontre momentos do dia para fazer isso. Não considere uma atividade menos importante, porque é vital cuidar de quem cuida.

Eu, por exemplo, gosto de andar na rua sem pensar em nada. Uma caminhada de quinze minutos, sem ouvir música, podcast, audiobook: só meus pensamentos. Fazer academia também me ajuda. Para a Anne, nadar é o oásis, seja na piscina ou no mar. Ela vem traçando esse resgate do próprio potinho, e tem sido lindo acompanhar esse processo.

Se você é de caminhar, caminhe. Se é de ler, leia. Se é de banho demorado, tome banhos demorados. É importante ter em mente que, para essas atividades de abastecimento de potinho, você precisará de ajuda, seja de um parente, amigo ou outra rede de apoio, e talvez seja difícil conseguir isso agora, mas entenda que não se trata de uma "besteira".

Se enxergarmos essas ações como "futilidades", estaremos apenas cavando mais fundo os nossos poços da parentalidade, aquele lugar onde nos isolamos e temos menos ainda para oferecer. O primeiro passo é entender que elas são extremamente importantes e, portanto, vale muito pedir (e aceitar) ajuda.

É bom perceber que, ao longo das duas últimas semanas, fizemos muitas atividades que encheram potinhos, tanto o seu como os dos seus filhos. Não podemos esquecer que, quando estamos com nossos reservatórios emocionais esgotados, temos reações desproporcionais às intempéries da vida. Ou seja, encher os potinhos é uma grande expressão de cuidado. Sabe o check-in diário com meditação em que eu sempre insisto por aqui? É uma das melhores formas de encher o seu potinho. Não apenas as crianças, mas os adultos também se comportam melhor quando se sentem bem.

EM RESUMO

- Reserve um momento para explicar aos seus filhos o conceito de reservatório de afeto. Eu uso o termo "potinho do amor", e isso costuma ser bem aceito pelas crianças em geral. Entenda que tipos de atividade ajudam mais seu filho a ter o potinho abastecido, como sessões de abraços, risadas e até mesmo reconhecimento afetivo.
- Todos nós precisamos nos sentir amados e importantes, então é nossa função também cuidar do abasteci-

mento dos nossos próprios potinhos de amor. Que atividades ajudam você a se abastecer emocionalmente? Reserve alguns poucos minutos para isso, entendendo o tamanho da necessidade desses atos, afinal, não podemos oferecer empatia se estamos esgotados.

CHECK-IN DIÁRIO

- ☐ Como me sinto agora?
- ☐ Como foi o dia de ontem?
- ☐ Em que aspecto preciso de autocompaixão?
- ☐ Qual é o meu desafio do dia?
- ☐ Meditação para quem tem filhos.

DIA 16: ENCONTRANDO A BONDADE DOS SEUS FILHOS

Certa vez, uma mãe veio me contar sobre o desfralde de um dos seus filhos. Ele tem autismo, e ela me falou, emocionada:

— Ele fazia xixi no chão todos os dias. Não segurava o pintinho, então era xixi pra todo lado. Todos os dias converso com ele, falo que tem que segurar o pintinho, fazer xixi só na água do vaso. Mas, no dia seguinte, xixi no chão. Só que nesse exato momento ele me gritou do banheiro: "Mamãe, mamãe! Eu estou fazendo xixi direitinho! Não 'fazeu' xixi no chão!".

Pense na alegria dessa mãe. Todo mundo que tem filhos se identifica com essa emoção por um único motivo: ela nos lembra que os nossos filhos são bons. Que eles estão tentando acertar o tempo todo, inclusive quando erram.

Se você já passou por um desfralde, sabe que é um eterno processo de escapes e acertos, rejeições e aceites, de uma forma nada linear. Às vezes você passa dias sem que seu filho tenha um escape, ou seja, não fez nenhum xixi na roupa. Mas, um belo dia, três escapes acontecem justamente quando você está mais ocupado, cheio de reuniões e compromissos.

Que atire a primeira pedra quem nunca pensou que o filho teve esses escapes só porque você está cheio de afazeres. Que ele sabe disso e fez só para atrapalhar. Aposto que nenhuma pedra seria atirada.

O problema é que, com muita facilidade, julgamos nossos filhos pelas suas ações sem ao menos tentar entender o que está acontecendo com eles. Uma criança que tem diversos escapes em um processo de desfralde, por exemplo, logo é taxada de manhosa, como se só quisesse chamar atenção.

É bem comum que pensemos o pior sobre os nossos filhos: que eles têm algum "problema" ou que são "ruins". Por outro lado, raramente pensamos que eles são intrinsecamente bons. Um dos maiores problemas da atualidade é o foco no problema, no errado e no julgamento. Por isso, precisamos lembrar que nossos filhos são apenas crianças boas fazendo coisas erradas, e não crianças ruins fazendo coisas erradas.

Mas como mudar?

MUDE A FORMA DE ENXERGAR SEUS FILHOS

O primeiro passo é nós, adultos, internalizarmos isso. Precisamos dizer para nós mesmos, repetidas vezes, que os nossos filhos são bons.
Abaixe o livro e diga agora:
— Meu filho é bom.
Perceba como você se sente em relação a isso. Parece fácil? Foi difícil? Soou mentiroso? Forçado? Tente de novo, mas de um jeito diferente:
— O meu filho está tentando fazer o melhor que ele pode.

Se ainda soa esquisito para você, relembre tudo o que já viveu e aprendeu sobre seu filho, principalmente ao longo desta jornada. Será que uma criança de três anos que joga um controle remoto no chão olhando para você e depois sorrindo é simplesmente uma criança má?

A criança que faz algo mesmo sabendo que é errado e ainda assim sorri para você não faz isso para provocar, mas para tentar amenizar a situação constrangedora que se instaurou simplesmente pela inabilidade de controlar seus impulsos.

Nossos filhos sentem muita dificuldade para lidar com seus impulsos, desejos, urgências e sentimentos. Ainda não têm o cérebro desenvolvido o suficiente para ajudá-los a pensar nas consequências de suas ações. A região do córtex pré-frontal, que comanda o raciocínio, só ficará plenamente madura por volta dos 25 ou trinta anos.

Agora que você sabe disso tudo, o primeiro passo é praticar a empatia para internalizar a percepção de que os nossos filhos, de fato, sempre estão tentando acertar. Sempre tentando fazer o melhor, mesmo quando erram.

E não é fácil não, viu? Eu mesmo ainda tenho dificuldades nessa área quando, por exemplo, o Gael vai a um self-service e simplesmente enche o prato de comida, apesar de eu avisar diversas vezes que é para não botar tanto e repetir se ficar com fome. Resultado: ele nunca ouve, pagamos caro e no final ele deixa metade da comida no prato.

Nesse momento, sentado e lendo este livro, pode parecer bem óbvio que o Gael realmente acredita que conseguiria comer aquilo tudo. Mas quando você está em um restaurante com quatro filhos, tentando gerenciar todas as variáveis do momento, é difícil não se encher de raiva, pensando que seu filho está fazendo isso só para provocar e jogar comida fora.

Acredite em mim, eu também perco a paciência nesses momentos. Muito mais do que eu gostaria de admitir, por isso digo que pensar sobre como nossos filhos são bons e estão tentando fazer o melhor é um exercício constante.

NÃO LEVE PARA O LADO PESSOAL

Quando o Gael tinha três anos, ele vivia plenamente o que chamamos de *threenagers*, ou a adolescência da primeira infância. Sua maneira de se comportar costumava ser ríspida, grosseira e por vezes desrespeitosa.

— Eu quero isso agora!
— Não, sai daqui!
— Não quero, vai embora!

Eu já havia passado por essa fase com o Dante, claro, e estava craque em não levar as coisas para o lado pessoal. Só que eu jamais poderia me preparar para o dia em que, depois de falar que ele não poderia comer doce antes de jantar, ouviria um sonoro:

— Você não é mais meu pai!

E subiu a escada para o quarto batendo os pés. Enquanto eu respirava e me segurava para não perder o controle, lembrei que deveria lhe dar espaço, mas mantendo os limites e regras:

— Gael, nada de subir assim! Você está bravo e a escada não tem nada a ver com isso.

Ele continuou subindo sem fazer barulho, porém ainda mais enfurecido, resmungando palavras inaudíveis. Para ser sincero, foi melhor não saber o que ele disse.

Respirei algumas vezes e lembrei que aquilo não era sobre mim. Era sobre ele. Que eu poderia passar por isso de uma forma empática, e logo depois subi a escada e me sentei com ele na cama.

— Filho, você está bravo, eu estou vendo. Sei que você queria muito o doce.

— Sim!

Dei um abraço nele e disse:

— Filho, você estava com tanta raiva de mim que até queria que eu não fosse mais seu pai naquela hora. Eu sei que você me ama e ainda quer que eu seja seu pai, mas falou aquilo porque tinha muita raiva, né?

— É, papai.

— Eu sempre vou amar você, e quero ajudar quando essa raiva grandona vier, para que você não precise dizer coisas que não são legais. Da próxima vez que sentir o seu vulcãozinho prestes a explodir, pode me avisar? Que aí a gente se ajuda, tá?

— Tá!

Ele ainda estava meio choroso, e eu percebia que, além de toda a raiva, ele também se sentia culpado, naturalmente, por ter falado aquilo. Eu poderia ter me concentrado nessa culpa, fazendo com que ele sentisse vergonha, mas de que isso nos ajudaria a resolver o problema? Gosto de dizer que tive sorte de conseguir me lembrar de não levar para o lado pessoal, mas eu também erro bastante. E sei que você também erra bastante.

Nós erramos porque crescemos com essa ideia equivocada de que as crianças não podem expressar seus sentimentos e devem respeitar a "autoridade" dos pais. E, como já vimos ao longo da nossa caminhada, uma autoridade na base do medo de nada serve para a construção de vínculos de apego seguros. Essa lógica serve apenas para silenciar os nossos filhos e criar abismos cheios de ressentimentos nas relações. O simples ato de não levar para o lado pessoal, portanto, é revolucionário para nós mesmos, nossas crianças interiores e nossos filhos.

Mas como fazer? Há três passos que eu costumo seguir e sei que têm ajudado outros pais e mães que passaram por esta jornada:

- Respire. Você já percebeu, a essa altura, a importância de respirar fundo no meio do furacão. Se ninguém está correndo o risco de se machucar gravemente, pare e respire fundo de três a cinco vezes. Isso pode fazer a diferença crucial entre responder empática ou drasticamente.

- Sinta. Certamente o que você viu ou ouviu machucou. Ironicamente, nossos filhos têm um poder sobrenatural de apertar os botões certos para nos tirar do sério. A resposta não está em ignorar o que você sentiu. Veja essa dor, perceba-a. E deixe-a ir embora.

- Empatize. Uma vez que estiver com suas emoções minimamente controladas, reflita sobre como seu filho está se sentindo, pensando e decidindo sobre si mesmo. Um "Eu te odeio" pode mudar de um simples ataque à sua autoridade para um "Meu filho está com tanta dificuldade para lidar com uma frustração que disse isso". Mudar a perspectiva aqui é fundamental.

Uma vez que isso fica bem claro para nós, é possível fazer com que os nossos filhos também entendam. Quando eles percebem, tudo fica mais leve. Lembre-se: a chave está em não levar para o lado pessoal, entender que aquilo não é sobre nós, mas sobre os nossos filhos. Torne isso um mantra pessoal e, como eu, repita para você mesmo:

— Não vou levar para o lado pessoal, isso não é sobre mim. Ele é uma criança boa que está passando por um momento difícil.

É muito importante entender que o exercício de hoje nos oferece uma alternativa para lidar com situações extremamente desafiadoras com os nossos filhos. Não é a solução definitiva para todos os problemas, muito menos uma cobrança para que nunca mais erremos ou gritemos com eles. Continuamos humanos, portanto erramos bastante.

Isso também não significa que precisamos responder aos nossos filhos de forma robótica, sem expressar qualquer sentimento, porque eles também não construirão vínculos com robôs. Você pode — e deve — se expressar de acordo com os seus sentimentos, mas sem a carga extra de pensar que tudo é um ataque pessoal.

Além disso, lembre-se de que essas estratégias são para os momentos de conflito. Depois que seu filho estiver mais calmo, é importante retomar o assunto e buscar alternativas usando nossas ferramentas orientadas para a solução, não para a punição.

E já que estou dando lembretes, aqui vai mais um: não esqueça o check-in diário! O dia de hoje trouxe muitas reflexões difíceis e profundas ao mexer com nossa forma mais arraigada de enxergar a imagem de autoridade. Então pare um pouco, seja gentil consigo mesmo e pratique seus minutinhos de meditação.

EM RESUMO

- Mudar a perspectiva sobre o comportamento dos seus filhos é essencial para lidar com os desafios diários. Entenda que eles não são crianças ruins com comportamentos horríveis. São crianças boas com momentos difíceis ou tomando decisões erradas, e nada disso faz com que sejamos pais ruins ou derrotados.
- Pratique o principal mantra da parentalidade: "Não leve para o lado pessoal". É importante exercitar o respirar, o sentir e o empatizar para responder de maneiras menos violentas aos pedidos de ajuda, mesmo quando esses pedidos aparentam ser desrespeitosos.

CHECK-IN DIÁRIO

☐ Como me sinto agora?
☐ Como foi o dia de ontem?
☐ Em que aspecto preciso de autocompaixão?
☐ Qual é o meu desafio do dia?
☐ Meditação para quem tem filhos.

DIA 17: CONSTRUINDO O TEMPO JUNTOS

No final de uma palestra, um pai pediu o microfone para fazer uma pergunta. Ele se apresentou como "recém-pai-de-dois", pois seu segundo filho acabara de nascer. Entre várias questões, com a chegada do mais novo, ele tinha um grande problema: a falta de tempo.

— Eu simplesmente não tenho tempo para ficar com o meu filho mais velho, de quatro anos. Sei que preciso, mas não consigo. Tenho o trabalho, o bebê, a casa, minha esposa, mais tantas outras demandas... Não dá tempo!

— Entendo muito o que você está falando, já vivi isso e sei como é difícil! Mas pense comigo: nossa vida é cheia de demandas, sejam elas nossas ou de nossos filhos, para equilibrarmos, certo?

— Certo.

— E, infelizmente, nosso tempo é limitado a 24 horas por dia. Dentro desse tempo, organizamos e escolhemos quais demandas atender. Algumas parecem inegociáveis, como dormir. Dessas 24 horas, precisamos de pelo menos oito para dormir. No entanto, quando temos bebês em casa, acabamos negociando essa demanda conosco e passamos a dormir menos.

— Verdade.

— Tirando as demandas inegociáveis, as demais acabam escolhidas por nós. Por mais duro que possa soar, você escolhe não atender à demanda do seu filho mais velho.

Ele ficou em silêncio.

— Você certamente não está gostando de ouvir isso. Ninguém gosta. Eu também detestei quando me dei conta. Mas criar consciência sobre o que fazemos e assumir a responsabilidade pelas nossas escolhas, ultrapassando o sentimento paralisante de culpa, nos permite mudar.

Quero propor aqui o que recomendei para esse pai. Primeiro, vale pensarmos que as demandas do filho mais velho são tão importantes quanto as do mais novo. Por mais desgastante que seja, ainda é nossa responsabilidade cuidar desse filho, que parece tão grande, tão maduro, se comparado ao bebê. Mas ele ainda é uma criança de quatro anos.

O que você talvez não saiba é que é possível construir um tempo juntos com nossos filhos. Um tempo de atenção exclusiva que oferecemos para eles, sejam mais velhos, filhos únicos, do meio. Todos os filhos precisam desse tempo para se sentir amados e acolhidos.

Muitas vezes achamos que para isso seria necessário ter uma ou duas horas diárias. Mas veja, talvez por pensar assim essa demanda acabe caindo na caixinha das coisas que "não tenho tempo para fazer". A verdade é que quinze minutos do seu dia podem bastar. Desconte de outras demandas negociáveis, como o tempo que passa no celular. E com esses quinze minutos você já veria mudanças consistentes no comportamento do seu filho, em geral. Porque ele vai se sentir amado. E importante. E fazendo parte. Só coisa boa!

Aquele pai, depois da palestra, veio me agradecer e me deu um abraço bem apertado. Estava emocionado por ser ouvido, não julgado, e ainda ter uma alternativa para buscar com sua família. Isso foi tão potente que pensei que poderia ajudar outros pais e mães hoje, dia em que praticaremos o tempo juntos.

Lembre-se de que quinze minutos são um ponto de partida, e você não precisa ligar um cronômetro para interromper a atividade quando o alarme tocar. Somos seres humanos, não robôs. É importante deixar as atividades seguirem seu curso de forma não tão abrupta.

PLANEJE O TEMPO JUNTOS

Para começar bem, você pode planejar nem que sejam cinco minutos com seu filho todos os dias. Pense que são cinco minutos preciosos, sem distrações. Nada de telefones, redes sociais, TVs, livros nem outros filhos. Encare como uma versão resumida do seu dia do detox. O foco é inteiramente o seu filho.

Durante esse período, seja mais escuta do que fala. Ouça mais, pergunte mais sobre o que ele gostaria de fazer. Deixe de lado os afazeres e mergulhe em um tempo que fará bem não apenas ao seu filho, mas a você mesmo e ao vínculo.

- Pense em quais dias e horários você conseguiria reservar esses cinco minutos iniciais (pensando em chegar a pelo menos quinze em um futuro próximo). Para mim, funciona marcar na minha agenda pessoal e ativar um alerta para lembrar que aquele momento não é de reuniões nem de outras demandas. Evita também que uma mente avoada como a minha esqueça algo tão importante.

- Escolha um lugar apropriado, que seja confortável e convidativo. Comece pelo próprio quarto do seu filho, como uma forma de mostrar interesse em "entrar no mundo" dele. Mas em breve vocês poderão combinar pequenos passeios à padaria, por exemplo.

- Esteja fisicamente próximo do seu filho. Se ele estiver sentado no chão, sente-se perto. Se você, como eu, não aguenta muito tempo no chão, convide-o para se sentar na cadeira com você. É importante que vocês estejam no mesmo nível do olhar, ou o mais próximo possível, para que a mensagem não verbal de proximidade seja entregue com sucesso.

O QUE FAZER DURANTE O TEMPO JUNTOS?

Não há muita regra sobre o que fazer no tempo juntos, exceto uma: siga o seu filho com alegria.

Nós passamos os dias dizendo o que nossos filhos devem ou não fazer. Durante o tempo juntos, é importante que estejamos abertos para embarcar no que eles sugerirem, seja na brincadeira ou na conversa. O mais importante é estarmos mesmo dispostos e animados com isso.

Claro, para crianças muito pequenas talvez você precise dar uma direcionada. Ainda assim, evite ao máximo controlar demais a atividade. Se sua filha de dois anos começa a perseguir uma borboleta, vá em frente, comece a persegui-la também com alegria! Você vai perceber como esse momento é curativo para nós, adultos.

As interações durante o tempo juntos começam com seu filho, mas podem ser potencializadas pela forma como você vai responder. Já está claro que você deve seguir a liderança dele na atividade. Se ele quiser montar um quebra-cabeça, participe. Se a criança demonstrar resistência, você pode sugerir algo e ver como as ações se desencadeiam a partir daí.

Como um guia — e não como regra — há três elementos importantes para ficarmos atentos nessas interações, que eu adaptei para crianças a partir dos preceitos da CNV:

- Observação: para perceber e nomear o que está acontecendo no momento.

- Agradecimento: para demonstrar aos nossos filhos a gratidão que gostaríamos de espelhar para eles no dia a dia.

- Reconhecimento: para expressar como é prazeroso estarmos juntos, e como esse momento é importante para nós também.

Seguindo o exemplo da atividade proposta de montar um quebra-cabeça, seria mais ou menos assim:

- Observação: "Filha, você me deu essa peça! Tem a parte de uma asa nela!".
- Agradecimento: "Obrigado, filha, eu gostei muito dessa peça, acho que sei onde encaixar! Você sabe também?".
- Reconhecimento: "Eu gosto muito de fazer quebra-cabeça com você. Montar tudo isso junto é muito divertido, e estou vendo como você encaixa as peças cada vez mais rápido!".

É importante adaptar as falas e o conteúdo à idade do seu filho, que, quando pequeno, precisa de frases mais diretas e menos elaboradas. A partir desse modelo inicial, incremente uma coisa ou outra, incluindo novas etapas. O fundamental é entender o objetivo e a riqueza de passar esse tempo juntos, de forma exclusiva e dedicada com seu filho, nem que seja por apenas cinco minutos.

Essa atividade — e também a estrutura de interação — foi muito apreciada pelos pais e mães dos grupos de foco porque não é algo que precisa ficar só para este dia da jornada. Ela pode ser incorporada na rotina de qualquer família e trará muitos benefícios, justamente porque, ao fazer do tempo juntos um momento do cotidiano, vai gerar essas ocasiões agradáveis entre você e seus filhos, o que também ajudará em situações mais desafiadoras.

Os mesmos pais e mães relataram que, quando veem seus filhos em uma crise emocional, sugerem: "Filho, você está com muita raiva, acho que um tempo juntos pode ajudar". Isso traz benefícios imensos na regulação do humor das crianças. Ou seja, não faltam indicações para um bom e poderoso tempo juntos com os filhos!

Mais um dia chega ao fim, e espero que você se lembre do seu próprio tempo junto consigo mesmo, também chamado carinhosamente de check-in diário. Você já sabe que mesmo poucos minutos por dia, se dedicados com afeto ao nosso bem-estar, só trazem vantagens. Registre também no diário o que você tem observado em relação aos pequenos tempos que tem criado para você ao longo da jornada. Ainda são difíceis de alocar na rotina? Ajudam muito ou pouco?

EM RESUMO

- Reavalie as demandas que surgem todos os dias para você, classificando-as em tipos negociáveis e inegociáveis. Quais demandas dos nossos filhos, em termos de presença e afeto, temos deixado de lado por falta de tempo?
- Planeje o tempo juntos, começando com apenas cinco minutos exclusivos para seus filhos. Busque uma conexão mais profunda e veja a melhoria geral no comportamento deles.
- Durante o tempo juntos, exercite a interação com o seu filho, usando os recursos de observação, agradecimento e reconhecimento para fazer trocas significativas durante as atividades que ele sugerir.

CHECK-IN DIÁRIO

- ☐ Como me sinto agora?
- ☐ Como foi o dia de ontem?
- ☐ Em que aspecto preciso de autocompaixão?
- ☐ Qual é o meu desafio do dia?
- ☐ Meditação para quem tem filhos.

DIA 18: RESOLVENDO PROBLEMAS COM REUNIÕES DE FAMÍLIA

O Dante e o Gael, como todos os irmãos do mundo, brigam muito. Isso é natural na relação entre irmãos porque sempre haverá disputa, mesmo quando os pais não incentivam a competição. Eles concorrem por objetos e afetos, atenção e prestígio.

Por aqui, as cartinhas Pokémon sempre foram um grande foco de brigas e discussões ao longo dos anos. Desde quando apenas colecionavam porque gostavam das ilustrações até recentemente, quando jogam de forma elaboradíssima, disputam e me vencem, inclusive, como na maioria dos jogos.

E também, como em qualquer família, a relação entre irmãos é dinâmica. Flutuante. Não linear. Às vezes tudo está bem, às vezes eles brigam de forma equilibrada. Mas às vezes a coisa desanda. Estou falando daquelas brigas que beiram a violência. São essas que têm um potencial imenso de nos sugar para dentro delas e nos fazer perder o controle. São as mais perigosas, mas também podem render as mais lindas resoluções e reparações.

Eu poderia escrever um livro inteiro apenas sobre irmãos (quem sabe isso não acontece?), mas a questão aqui é que, um desses dias, bem quando eu estava no trabalho presencial, por conta dessas disputas de cartinhas Pokémon em que Gael e Dante discutiam sobre de quem era determinada carta, a briga escalou tanto que puxou a Anne para dentro desse vórtice de gritaria, confusão e raiva. Tanto que, como qualquer mãe ou pai humano, não robô, ela também perdeu o controle. Gritou com os dois e foi grosseira, porque estava esgotada e preocupada com o rumo que aquilo estava tomando.

Obviamente ela se sentiu péssima. A briga acabou, mas deixou o coração da Anne arrasado também. Depois de alguns instantes de respiro (por mais que seja difícil conseguir muitos respiros quando se tem quatro filhos), ela procurou o Dante e o Gael para fazer a reparação, pedir desculpas e sugerir uma reunião de família entre eles.

Nessa reunião, ela falou como todos haviam passado dos limites, porém frisou que aquele era o momento de pensarem juntos em uma solução para o problema. Resolveram então fazer uma lista de possibilidades, sem julgamento prévio:

- Jogar todas as cartas fora;
- Guardar as cartas por um tempo;
- Misturar todas as cartas para ninguém disputar qual cartinha é de quem;
- Separar todas as cartas para ninguém pegar a cartinha do outro;
- Comprar mais cartas para cada filho ter as mesmas cartinhas em dobro.

A solução não foi determinada ali, durante a reunião, porque eles achavam que seria bom esperar por mim, que voltaria do trabalho, e pensarmos todos juntos. Até então, as cartas ficariam guardadas e a brincadeira suspensa até que se encontrasse uma saída.

Por mais que a solução definitiva não tenha sido alcançada na reunião de família, como a Anne me contou depois, ela sentiu a força de ter se reunido com os filhos para repararem o dano que produziram nos sentimentos uns dos outros e lembrarem que somos uma equipe, buscando resolver um problema que é da família, não de um filho específico. Não se tratava de culpar, e sim de estarmos juntos, de nos ajudarmos.

No final da reunião, a Anne sugeriu que cada um dissesse algo que reconhecia ou que agradecia no outro. Para ela, essa foi uma das experiências mais potentes e curativas que tinha vivenciado com os dois filhos mais velhos em um bom tempo. Quando chegou a vez de o Gael dizer algo sobre ela, ele falou:

— Mãe, você sempre me escuta e me abraça quando eu tenho um problema.

Na sequência, para abalar aquele coração de mãe que já estava todo emocionado, Dante completou:

— Eu gosto que eu sempre posso contar com você, que você sempre vai estar aqui por mim.

Não preciso dizer o quanto a Anne ficou emocionada, o quanto eles se abraçaram e choraram juntos e o quanto esse evento lindo ajudou a dar um belo respiro e a reparar a relação deles. Quando ela me contou o "resultado" da reunião, eu também fiquei às lágrimas.

Essa história é para mostrar para você, que já está chegando ao final desta jornada comigo, que as reuniões de família são possantes, afetuosas e em nada se parecem com as reuniões burocráticas que costumamos enfrentar no trabalho. Eu, inclusive, enquanto essa reunião tão querida acontecia na nossa casa, estava em uma reunião chatíssima no trabalho. Que coisa, não?

Agora, quero que você conheça alguns dos elementos fundamentais de uma reunião de família e pratique com a sua, fazendo as alterações necessárias para que caia como uma luva para você e seus filhos.

PLANEJAMENTO E PREPARATIVOS

Idealmente, as reuniões de família devem acontecer de maneira periódica, com a possibilidade de encontros emergenciais para problemas isolados. No caso da história da cartinha Pokémon, foi uma reunião de emergência para tratar de um grande problema.

Algumas famílias tentam incorporar reuniões desse tipo uma vez por semana ou de quinze em quinze dias, mesmo que ninguém tenha uma grande questão para resolver. Você não precisa fazer reuniões periódicas se não quiser, mas a rotina ajuda a manter esse canal de diálogo seguro com os nossos filhos e a exercitar um espaço tão importante em nossas relações.

Planeje onde serão as reuniões, busque ambientes neutros, como a sala de estar da sua casa, e pense com seus filhos em formas de preparar aquele espaço para os encontros como um pequeno ritual. Almofadas coloridas pelo chão para todos se sentarem confortavelmente é algo que pais e mães costumam dizer que ajuda, mas lembre-se de envolver as crianças no processo!

QUEM PARTICIPA DESSES MOMENTOS?

De forma geral, toda a família participa. Quando estamos falando de crianças, obviamente, há o fator idade, que pode influenciar bastante o andamento da reunião. Para uma participação efetiva, normalmente as crianças precisam ter pelo menos quatro anos.

Isso não significa que, se você tem um filho menor, não deva fazer reuniões. Essa tradição de preparar um lugar, planejar e seguir um momento concentrado em diálogo e solução de problemas é muito valioso, mesmo que seu filho não entenda exatamente o que está acontecendo. Se você divide os cuidados com alguém, pratique a reunião de família com essa pessoa, e verá que, quando a criança tiver idade suficiente, você estará tão acostumado que os encontros vão parecer muito mais naturais do que hoje.

UMA ESTRUTURA PARA SE BASEAR

A sugestão a seguir funciona na minha família e em boa parte das outras que participaram dos grupos de foco da jornada. Você pode experimentá-la e avaliar o que funcionou para então montar a sua própria estrutura de reunião, adaptada para a sua família com todas as suas especificidades.

Check-in emocional

Parte de incorporar uma prática mindful em nossas vidas envolve criar momentos para percebermos como estamos emocionalmente. Esse é o início da reunião de família, quando cada membro se dedica a descobrir que sensações e sentimentos estão atravessando seus corpos. Nessa hora, cada pessoa diz apenas o que sente, sem maiores elaborações, como um check-in de hotel mesmo, onde você só diz seu nome e algumas informações. A única diferença é que aqui falamos sobre sentimentos.

— Eu sou o Thiago e hoje estou me sentindo alegre e esperançoso com a nossa reunião!

Comece essa parte pelos adultos, para que os seus filhos tenham um fio a seguir. Você não deve julgar os sentimentos alheios: apenas ouça, observe, perceba o que seus filhos dirão, mesmo que seja exatamente a mesma coisa que você disse.

Uma dica extra: leve essa prática de check-in emocional para a sua vida! Ela funciona perfeitamente em diversas outras situações. Eu, por exemplo, adoro iniciar meus workshops e rodas de conversa com essa provocação sempre que possível — afinal, demoraria um tempo razoável em um auditório lotado com duzentas pessoas.

Um momento para reconhecer

Ainda dentro da prática do mindfulness, esse é o momento da reunião em que observamos e reconhecemos algo positivo, pelo qual somos gratos, em cada membro da família. O ideal é que cada integrante fale algo sobre cada pessoa, mas isso pode fazer com que a etapa fique longa — ainda mais se você tiver muitos filhos. Uma alternativa é combinar que cada um fale algo sobre quem está à sua esquerda.

Na história das cartinhas Pokémon, você viu um pouco sobre como essa etapa funciona, mas é importante ter em mente que não apenas a Anne, mas também os meus filhos, já têm certa experiência com esse modelo de reunião de família. Se você estiver praticando pela primeira vez, pode ser que seu filho (ou até mesmo você) tenha alguma dificuldade.

Essa dificuldade é normal porque raramente somos convidados a perceber e nomear pontos positivos em outras pessoas. O foco, em geral, recai sobre as falhas e os defeitos, então esse momento pode ser um pouco estranho para você. Apenas acredite no processo e tente. Talvez não seja perfeito na primeira vez, mas é praticando que se melhora e atinge a naturalidade nesse instante de gratidão.

— Dante, hoje cedo você me ajudou a cuidar da Cora enquanto eu estava no banheiro. Obrigado por isso!

— Eu gostei que o papai consertou hoje meu robô que tinha quebrado os braços. Obrigado, pai!

Assim como no item anterior, o ideal é que os adultos comecem para que as crianças tenham oportunidade de ouvir, organizar-se emocionalmente e participar de maneira mais completa.

Solucionando problemas em equipe

Este é o momento em que todos os membros da família são convidados a debater desafios, problemas e dificuldades que gostariam de resolver em conjunto. Cada pessoa pode trazer suas questões para a roda desde que o centro seja realmente encontrar soluções, e não acusar ou culpar os outros.

É importante atentar ao não julgamento, e esta costuma ser a maior dificuldade nessa hora, porque costumamos apontar erros com muita facilidade. Acontece que esse tipo de atitude tem um efeito totalmente contrário ao objetivo das reuniões, que é resolver as questões. Quando procuramos culpados, encontramos defensores e "contra-acusadores", o que atrapalha o avanço da conversa.

— Todos as manhãs, vocês, Dante e Gael, brigam e atrasam todo mundo na hora da escola. Não podemos continuar assim, chegamos atrasados todos os dias por culpa de vocês.

Você não precisa se esforçar muito para imaginar o tipo de resposta para essa fala. O Dante diria que o culpado é o Gael, que por sua vez se defenderia apontando o Dante como quem implica e atrapalha tudo. A discussão ficaria acalorada e nenhuma solução real sairia dali.

Como alternativa, podemos apresentar o problema assim:

— Só nesta semana chegamos atrasados três vezes à escola. Eu sei que às vezes algumas brigas e desentendimentos acontecem, e isso deixa todo mundo irritado. Eu gostaria que nossas manhãs fossem mais tranquilas e que não nos atrasássemos com tanta frequência. O que vocês acham que podemos pensar para resolver esse problema da família?

Nesse exemplo, eu pude dizer com precisão quantas vezes o problema aconteceu e como toda a família sofre com ele. Ninguém foi culpabilizado, pelo contrário, todos foram convidados a pensar em soluções, o que seria o passo seguinte: um brainstorming de sugestões.

Anote tudo o que for sugerido na reunião, sem distinções ou julgamentos. Isso é muito importante porque reforça a sensação de todos (principalmente das crianças) de que são ouvidos e suas opiniões são valorizadas. Escreva tudo, por mais estapafúrdio que seja.

— Acordar mais cedo ainda para ninguém se atrasar.
— Já dormir vestindo o short ou a calça do uniforme.
— Tirar o Dante da escola, deixando só o Gael para se arrumar.
— Comprar um avião para chegar mais rápido à escola.
— Mudar para o turno da tarde.

Uma vez que todas as soluções forem anotadas, você pode ler com os seus filhos e refletir sobre cada uma delas, da forma mais leve e lúdica possível.

— Hum, acordar mais cedo pode ser uma boa ideia. Acho que posso acordar vocês quinze minutos antes!

— Dormir já com o short ou a calça é bom também, acho que podemos tentar! Que tal já dormir com as meias do uniforme também?

— É, tirar o Dante da escola poderia resolver o problema do atraso, mas criaria outro problema, que é o Dante não aprender coisas novas na escola e não encontrar mais os amigos. Vamos deixar essa de lado, ok?

— Eu ia adorar andar de avião para todos os lugares! Chegaríamos muito rápido e seria tão divertido! Pena que aviões são caros e não conseguimos comprar um agora...

— Mudar para a tarde pode ajudar também, né? Às vezes nos atrasamos porque estamos com muito sono ainda de manhã, mas talvez o almoço nos atrase de tarde também! E será que vocês gostariam de mudar de amigos na escola? Pode não ser a melhor das opções, apesar de funcionar!

Depois de debater, todos votam nas ideias que acharem melhores e decidem quais implementar. Para finalizar, os novos combinados são escritos também em algum papel, a fim de que todos se lembrem. Apesar de esses diálogos serem apenas um exemplo, eles se basearam em uma reunião que fiz com meus filhos há alguns anos para resolver exatamente o problema do atraso. A ideia de dormir com parte do uniforme vestida foi deles mesmo, e nos ajudou durante um bom tempo a não atrasarmos — muito — para a escola.

Um aviso amigável: normalmente, as pessoas querem começar suas reuniões de família por esse ponto, e é justamente por isso que elas acabam fracassando.

Planejando atividades especiais em família

Assim que todos tiverem mencionado suas questões e encontrado soluções com novos combinados, é hora de encaminhar a reunião para o fim. Esse fim nada mais é que planejar uma atividade bem divertida em família.

Agora todos podem sugerir lugares para visitar no próximo fim de semana, ou atividades especiais como uma sessão de cinema em casa, campeonato de futebol, um grande chá de bonecas, uma viagem ou qualquer outro programa que todos concordem em fazer. Pode parecer que essa etapa não é importante, mas é fundamental para concluir a reunião de uma forma positiva e divertida para todos, especialmente os filhos.

Como já mencionei, as reuniões de família são bem diferentes das reuniões convencionais de trabalho, burocráticas e focadas em apontar culpados. Aqui procuramos criar um ambiente propício para criar soluções, de forma a garantir que nossos filhos tenham atendidas suas necessidades de serem ouvidos e se sintam importantes. Agora cabe a você avaliar qual vai ser a melhor estrutura e periodicidade para a sua família, sem se esquecer do poder que existe em sentar-se com alguém para resolver um problema sem se concentrar nos culpados.

Mais um dia terminando e mal acredito que você está aqui, chegando ao final da nossa jornada. É uma alegria digitar essas palavras sabendo que você está aí, vivenciando tudo isso de forma tão intensa! Mesmo avançados, preciso dar um lembrete gentil sobre o seu check-in diário, pois esses poucos minutos de reflexão introspectiva e meditação irão ajudá-lo em todos os campos da sua vida, principalmente em relação aos seus filhos.

EM RESUMO

- Veja como as reuniões de família podem ser úteis para resolver problemas do cotidiano e entenda que essas reuniões são bem diferentes das que costumamos ter, onde o foco é julgar e encontrar culpados.
- Crie um planejamento para que as reuniões aconteçam de forma periódica. Os encontros podem ser semanais, quinzenais ou até mesmo extraordinários, mas a elaboração da agenda e do local ajuda muito para que todos se situem.
- Estabeleça a estrutura que você entender que funciona melhor para a sua família, mas, nas primeiras ocasiões, parta destes quatro momentos: check-in emocional; reconhecer e agradecer; foco na solução de problemas com novos combinados; e planejar atividades especiais em família.

....

CHECK-IN DIÁRIO

☐ Como me sinto agora?
☐ Como foi o dia de ontem?
☐ Em que aspecto preciso de autocompaixão?
☐ Qual é o meu desafio do dia?
☐ Meditação para quem tem filhos.

....

DIA 19: FOCANDO NO QUE VOCÊ PODE MUDAR

Todos nós erramos com os nossos filhos porque estamos sempre sobrecarregados, seja pelas demandas do dia, seja pelas emoções que não têm por onde escoar. Esta jornada é um caminho para você encontrar formas de dar vazão a essas emoções e buscar o equilíbrio na vida com seus filhos. Mas entenda que até eu erro, como já contei.

E sabe por que erramos também? Porque tentamos controlar o que não podemos, como os nossos filhos. Por isso, hoje o dia vai ser dedicado a mudar aquilo que temos o poder de mudar, tirando a mira da culpa.

Uma vez, um pai me enviou uma mensagem que reflete muito bem o que vivemos nos dilemas com nossos filhos no que diz respeito a controle e culpa: a creche do filho ficava no trabalho da sua esposa, que o levava junto quando saía para o serviço. Acontece que o horário era cedo demais para a criança de dois anos, que com a rotina puxada estava ficando agressiva de tanto cansaço. O pai estava arrasado porque naquele dia havia perdido o controle e sido um pouco bruto com o filho, que havia lhe dado uma cabeçada. Quando a raiva passou o arrependimento veio, como costuma acontecer. Ele dizia que saber que outra pessoa (no caso, eu) havia passado por isso e ter um canal de escuta seguro onde desabafar era uma forma de alento.

Essa foi a história de um pai, mas poderia ser a sua, ou a minha. Ele se refere, aliás, a um episódio que relatei no meu primeiro livro, *Abrace seu filho*, em que eu estava com o Dante, ainda bem pequeno, em um hotel fazenda. Na ocasião, ele saiu correndo em direção ao portão do hotel, que dá direto em uma estrada. Meu desespero foi tão grande que, depois de alcançá-lo, vim brigando com ele da forma mais raivosa possível, totalmente descompensado. E, claro, instantes depois me senti o pior pai do mundo, cheio de culpa por não ter conseguido evitar que o Dante começasse a correr e ainda mais mortificado por não impedir que minhas emoções explodissem com ele.

Nós não conseguimos controlar os nossos filhos, é um fato. Quanto antes admitirmos isso para nós mesmos, mais leve será a caminhada. Mesmo quando falamos de criações tradicionais e punitivas, se você pune não está necessariamente controlando ninguém, porque a criança que se apresenta como "obediente" só aprendeu, na verdade, a esconder de você o que ela não quer ou teme que você saiba.

Vamos, então, nos concentrar no que podemos mudar? É com esse olhar que conseguiremos decidir sobre novos combinados com os nossos filhos ou sobre o que é possível fazer durante os momentos mais desafiadores, ou até mesmo que recursos utilizar como forma de autocuidado.

CRIE NOVOS COMBINADOS

Novas regras e combinados são sempre bem-vindos, porque a vida com filhos é fluida: eles estão em constante mudança e nós também. Eu sempre crio novos combinados a partir do momento em que outros desafios surgem, e mudar combinados não significa que você está falhando. Muito pelo contrário, significa que você é flexível e está atento aos seus filhos.

Durante algum tempo, eu liberava um pouquinho de TV pela manhã, antes de levar as crianças para a escola. Como eles nessa época acordavam muito cedo e acabavam ficando prontos com alguma folga, pediam para ver um episódio curto de algum desenho enquanto eu terminava de preparar as lancheiras, pôr o lixo para fora, enfim, todas essas atividades matinais. Porém, com o tempo, a TV começou mais a atrapalhar do que a ajudar — o que não era nenhuma surpresa. Eles queriam assistir a mais um desenho antes de sair, brigavam para escolher o que iriam ver ou se arrumavam de qualquer jeito para se liberarem logo, então precisei mudar o combinado. Dali em diante, eles não veriam mais TV antes da escola. É óbvio que ficaram chateados, protestaram e tentaram derrubar o novo combinado. Eu conseguia acolher o que eles estavam sentindo, afinal, são sentimentos genuínos, mas isso não mudaria a decisão. Essa é a essência de sermos firmes mas gentis ao mesmo tempo, e foi o que mostrou aos meus filhos que, por mais que não fosse uma nova regra tão legal assim, eles ainda teriam o meu apoio emocional. Passados alguns dias, esqueceram da TV e nossas manhãs passaram a ser mais tranquilas.

Você pode pensar, hoje, em construir novas regras e combinados. Se seus filhos forem maiores, envolva-os no processo. Talvez valha a pena até convocar uma reunião extraordinária de família, como você acabou de praticar no dia anterior. Essas regras devem envolver não apenas seus filhos, mas você também:

- Novas regras para o seu tempo de uso e acesso ao celular.

- Novos combinados para a arrumação de brinquedos, por exemplo: só pode brincar em outro cômodo da casa se o cômodo atual estiver arrumado.

- Outros horários para a rotina da noite, de acordo com novas demandas da família.

- Novas regras para fazer o dever de casa, para que o processo seja menos sofrido.

Há infinitas possibilidades, e é importante ficar atento a alguns pontos:

- A criança pode protestar sobre a nova regra. E mesmo que não mude a proposta, você pode acolher a reclamação do seu filho.

- Leve em consideração a idade da criança e não estabeleça regras que claramente exijam mais do que o desenvolvimento dela pode oferecer.

- Se a criança não seguir o combinado, em vez de brigar, ofereça ajuda para que ele seja cumprido, mesmo que em colaboração.

- Se você mesmo não cumprir algo que estabeleceu e, pior, isso for apontado pelos seus filhos, tenha autocompaixão e perceba que é um ótimo momento para conversar com eles sobre sua humanidade e possibilidade de errar também.

- Use as reuniões de família como uma forma de avaliar se os combinados estão funcionando bem ou precisam de ajustes.

DECIDA O QUE VOCÊ PODE FAZER

Imagine que seus filhos estão brigando por causa de um brinquedo. Em vez de se concentrar no que eles devem fazer, observe, primeiro, o que você pode e deve fazer. Essa mudança de perspectiva é crucial para a sua prática do dia, e tem um potencial imenso de mudar drasticamente a forma como você lidará com situações desafiadoras não apenas hoje, mas daqui em diante.

Essa decisão diz respeito única e exclusivamente a você, então, ao perceber que aquela raiva começa a ferver por dentro quando seu filho faz algo que você considera inaceitável ou se sentir que está prestes a perder o prumo, lembre-se de decidir sobre as coisas que você pode controlar:

- Respire fundo, lentamente, e conte em voz alta suas inspirações e expirações, como se fosse uma sessão portátil da meditação do check-in diário — essa é particularmente uma das formas que mais uso para controlar minhas explosões emocionais. Isso pode ajudar você a mudar o seu comportamento, não o do seu filho.

- Se a situação com as crianças escalar, com gritos, birras e choros, é melhor você buscar abrigo por alguns instantes do que se expor e perder a razão. Apenas diga: "Filho, o papai está quase perdendo o controle, preciso respirar sozinho" e se tranque no seu quarto ou no banheiro por alguns segundos. Esse tempo é precioso para você retomar o controle sobre si mesmo, embora seus filhos continuem a gritar ou a bater na porta. Algumas respirações ou até um eventual grito no travesseiro ajudam a voltar à cena com melhores chances de lidar com a situação.

- Sensações táteis podem ajudar também. Se quiser tentar, molhe as mãos com água quente ou fria, no banheiro ou na cozinha. Veja o que ajuda mais nesses momentos.

- Explore outras possibilidades que funcionem com você, como falar de forma divertida: "Filhos, estou sentindo que estamos todos explodindo e precisamos de uma pausa. Vamos andar pela casa saltitando para nos acalmar!". Outra sugestão é partir para uma sessão de risadas ou de dança como se não houvesse amanhã.

Independentemente do que funciona para você, após essa sessão de descompressão, como gosto de chamar, será mais fácil retomar o controle do córtex pré-frontal do seu cérebro, aquele lugar onde fica a razão e onde se formam as boas decisões. Os níveis do hormônio do estresse, o cortisol, começam a se reduzir e, por consequência, também o nível de tensão. Agora é possível conversar sobre o que houve com os seus filhos, explorar alternativas e até novos combinados.

DEFINA O QUE VOCÊ PODE MUDAR PARA VOCÊ MESMO

Durante um período da minha vida, quando estávamos no auge da pandemia de covid-19, comecei a ficar muito, mas muito agoniado e nervoso com tudo o que estávamos vivendo. Eu me tornei muito mais impaciente com meus filhos e tendia a gritar com eles com mais facilidade. E toda vez que isso acontecia, a culpa me consumia.

Demorei um tempo para perceber que eu não era exatamente o pior pai do mundo, apenas um bom pai passando por um tempo terrível junto com o resto da humanidade. Ver as coisas em perspectiva me ajudou a notar, inclusive, que eu não tinha controle sobre o que estava ao meu redor, mas que poderia decidir o que fazer comigo mesmo.

Então criei um alerta no meu celular e no meu relógio com pequenos lembretes a cada três horas para fazer algo muito importante: respirar. Pode parecer bobo, mas aquilo me ajudou como poucas coisas na época. Não chegava a ser uma sessão de meditação como estamos praticando aqui na jornada, mas um momento em que eu parava o que estava fazendo e me concentrava em um ciclo de dez respirações, profundas, lentas e conscientes. Ou seja, eu não apenas respirava, mas estava atento à respiração.

Esse é um dos exemplos mais simples de como você pode decidir mudar algo para si mesmo e que não envolve muitos esforços. O plano aqui é encontrar pequenas ferramentas que ajudem a fazer essas mudanças de autocuidado.

- Ative lembretes no seu relógio para beber água de tempos em tempos, respirar fundo ou levantar, esticar, balançar os braços e as pernas.

- Pergunte-se ao longo do dia: "Do que eu preciso agora?". Isso ajuda a sair do automático da rotina que nos engole todos os dias para lembrar que você precisava responder à mensagem daquele amigo que está esperando há horas. Ou talvez o lembre de fazer uma pequena pausa para tomar café. Pergunte-se mais sobre o que você precisa!

- Faça coisas positivas por você, mas de verdade. Passe a visitar mais o espelho do banheiro e diga coisas bacanas para você mesmo. Isso também me ajudou muito a me enxergar como um bom pai. Diga: "Eu sou um bom pai (ou boa mãe) e estou fazendo tudo o que está nas minhas possibilidades". Fale coisas que gostaria de ouvir do seu melhor amigo.

- Ponha sua música preferida para tocar e dance por alguns minutos, seja sozinho, seja com seus filhos. Isso é particularmente positivo não apenas para você, mas também para eles! E, acredite em mim, dançar com crianças é uma das coisas mais libertadoras que existem, porque não existe nenhum compromisso de dançar da forma que outros adultos julgariam correta. É só se soltar e se divertir.

- Chame os amigos para um café na sua casa ou em algum outro lugar. Se estiver difícil fazer um café pessoalmente, tome um café virtual, cada um na sua casa, enquanto conversam nem que seja por quinze minutos.

- Mande mensagens para quem é importante para você, mesmo que sem motivo aparente, apenas para declarar seu amor ou bem-querer. Pode parecer que isso só traz benefícios para as outras pessoas, mas faz muito bem para nós mesmos.

Existem muitas coisas que você pode fazer como autocuidado. Busque o que lhe faz bem, dentro das possibilidades da sua rotina, dependendo do que seus filhos permitem de acordo com suas faixas de idade e de como funciona sua rede de apoio. No meu caso, mesmo sem rede de apoio, parar para respirar ainda é possível e tão revigorante que sempre sugiro esse hábito a todos.

E, mais importante que tudo: repita que você é um bom pai ou uma boa mãe, que seus erros não definem sua parentalidade e, principalmente, que você só está passando por um momento desafiador. Repita isso exaustivamente, até acreditar de verdade.

Faltam apenas dois dias para o fim desta nossa jornada, e mesmo assim preciso lembrar que você tem um compromisso com você mesmo: o check-in emocional e a meditação. Não se esqueça, hein?

> **EM RESUMO**
>
> - Entenda que você não tem controle sobre os seus filhos, muito menos sobre o comportamento deles. Se você se concentrar no que realmente pode controlar, a vida com seus filhos ficará mais suave.
> - Entre as coisas que você pode fazer estão novas regras e combinados. Lembre-se de que a vida é fluida, que tanto você como seus filhos mudam constantemente, e mudar ou renegociar uma regra não é fragilidade, mas sinal de flexibilidade e atenção.
> - Decida o que você vai fazer nos momentos desafiadores: pare para respirar e se reconectar, busque abrigo no banheiro por alguns segundos e interações táteis para resgatar o controle das suas emoções e lidar melhor com os desafios.
> - Defina o que você pode mudar em termos de autocuidado. Lembretes para beber água ou simplesmente respirar são coisas que você pode fazer e que terão impacto direto na forma como você lida com os dilemas da parentalidade.

CHECK-IN DIÁRIO

- [ ] Como me sinto agora?
- [ ] Como foi o dia de ontem?
- [ ] Em que aspecto preciso de autocompaixão?
- [ ] Qual é o meu desafio do dia?
- [ ] Meditação para quem tem filhos.

DIA 20: LUTANDO CONTRA A PARENTALIDADE DISTRAÍDA

Imagine a seguinte situação: você vai almoçar em um restaurante aonde famílias com filhos costumam ir também. Assim que olha ao redor, percebe algo curioso: as outras famílias estão juntas, mas algumas mal conversam entre si, pois todos, os pais, mães e filhos, estão mergulhados em seus respectivos celulares.

Isso pode parecer uma cena daqueles filme que se passam em um futuro distópico, mas é a mais pura realidade dos nossos tempos. Vejo situações assim com cada vez mais frequência. Podemos pensar em mil possibilidades, e normalmente corremos para julgar os jovens, ainda mais quando são adolescentes, por não respeitarem o tempo com suas famílias e estarem viciados em redes sociais.

A verdade é que o nome disso é mesmo vício, mas nossos filhos não chegaram ali sozinhos. Eles não encontraram seus celulares na rua. E pior: essa experiência de estar com alguém apenas de corpo presente é algo que nós, pais, começamos a ensinar cedo, porque desde quando se entendem por gente eles são impactados pela nossa parentalidade distraída.

Ao longo desta jornada, você já notou que uma ferramenta muito poderosa para ensinar qualquer coisa aos nossos filhos é o modelo. Então, se estamos durante boa parte do tempo com os olhos no celular enquanto dividimos uma atenção parcial com eles, é de esperar que façam o mesmo e mergulhem ainda mais no vício das redes sociais.

Se os celulares são tão viciantes para nós, imagine para uma criança ou um adolescente. Imagine o impacto — que já se pode observar — do consumo descontrolado de redes sociais nesses cérebros em formação.

Em linhas gerais, a parentalidade distraída é uma forma de nomear o que nós, pais, vivemos atualmente. Somos uma geração hiperconectada, com limites pouco definidos entre vida social, pessoal e profissional. Somos incansavelmente bombardeados por fatores que disputam a nossa atenção, desde um canal de notícias na TV até as inúmeras notificações de apps diferentes nos telefones. Some isso às vozes dos nossos filhos, que normalmente representam demandas e convites, e pronto! A presença deles se torna um ruído, tanto quanto o som da TV ligada em um canal qualquer.

A ideia equivocada de que somos multitarefas é problemática, e é justo ela que promove a parentalidade distraída. Estamos sempre pensando que vamos conseguir conversar com nossos chefes enquanto trocamos uma fralda e planejamos a lista de compras do mês, mas a realidade é que nossos cérebros não dão conta. Tenho certeza de que você já percebeu isso, e só se sentiu culpado por não conseguir. A boa notícia é que a culpa não é sua, é apenas como nossos cérebros funcionam. Inclusive, mudar o foco de uma tarefa para outra demanda muito mais energia do que se nos concentrássemos em uma tarefa de cada vez. Infelizmente, não é assim que a nossa sociedade se comporta, muito menos é o que as pessoas esperam de nós, ainda mais quando temos filhos.

Como diz o ditado: a corda sempre arrebenta do lado mais fraco. São nossos filhos que tendem a sofrer os impactos, porque são eles que vivem os choques de uma parentalidade distraída. Hoje, então, o convite é para você criar consciência disso, perceber e anotar no seu diário como a parentalidade distraída aparece na sua rotina. E, mais importante, descobrir como podemos lidar com o problema.

OFERECENDO RESPOSTAS AOS NOSSOS FILHOS

Nossos filhos precisam de muitas coisas de nós, mas a chave para construir esse vínculo de apego seguro sobre o qual tanto conversamos ao longo da jornada está em quatro pontos:

- Afeto: na forma gentil e amorosa como respondemos e interagimos com eles.
- Responsividade: em como reagimos às suas demandas e necessidades.
- Presença: ao estarmos próximos deles, fisicamente.
- Disponibilidade: ao ver que não basta estar presente mas indisponível emocionalmente.

A questão é que a parentalidade distraída é uma grande inimiga desses pontos. Afinal, se estamos engajados em outras atividades no celular, por exemplo, torna-se inviável manter a disponibilidade afetiva para os nossos filhos. Tudo o que tentarmos emular para eles, em termos de responsividade, logo será percebido como algo não exatamente genuíno.

Isso me faz lembrar de um experimento clássico realizado na década de 1970, chamado "O experimento do rosto imóvel", em que o dr. Ed Tronick se propôs a observar a responsividade entre mães e seus bebês de uma das formas mais sutis que existem: as expressões faciais.

A ideia era que o bebê passasse alguns instantes interagindo com a mãe, ambos sentados em cadeiras, de frente um para o outro. Enquanto havia interação, o bebê demonstrava alegria e balbuciava palavras para a mãe, que respondia normalmente, como faria em casa.

Na sequência, a mãe parava de responder ao bebê, mantendo o rosto totalmente imóvel, olhando para um ponto fixo, como um robô que foi desligado de repente. Muitos bebês passaram a demonstrar sinais de confusão e agitação, começaram a falar mais alto ou a gesticular mais para chamar a atenção da mãe, como se fizessem um esforço para dizer: "Ei, mãe, estou aqui, o que está acontecendo?".

Essa etapa do experimento não durava mais que dois minutos e quase sempre terminava com o bebê chorando de medo e frustração. Nessa hora a mãe voltava a se comunicar com ele, respondendo e consolando-o. Em poucos instantes, o bebê já se sentia tranquilo novamente.

Ao longo do tempo, o mesmo experimento foi realizado com crianças mais velhas, pais (homens) e outras variações e o resultado sempre foi semelhante, embora dependesse muito da qualidade do vínculo entre o adulto e a criança, claro.

Eu costumo dizer que estamos recriando esse experimento diariamente quando nos enfurnamos nos celulares, e nossos filhos, em especial quando bebês, também protestam, mas acabamos percebendo isso como algo negativo e até brigamos com eles. Lembro de já ter ficado zangado com a Cora, que estava no meu colo e começou a tentar chutar o celular enquanto eu o usava.

Se houvesse uma forma de dialogar com os bebês, essa conversa seria assim:

— Cora, pare com isso agora! Que coisa inconveniente, o papai está fazendo algo importante!

— Papai, esse negócio aí que é inconveniente! Eu estou confusa e irritada por não ter nenhum contato visual ou interação com você. Sou alguém importante, por isso quero chutar essa coisa luminosa da sua mão!

Por isso, hoje, perceba como essas interações acontecem. Faça o esforço de intensificar os momentos de contato visual e atenção genuína com seus filhos. Tente fazer um paralelo de como isso deve alterar o comportamento dos seus filhos em geral, porque a tendência é exatamente essa.

Da próxima vez que o seu bebê der tapas ou chutes no celular que está na sua mão, tente captar a mensagem que ele está passando. Vai ser melhor para todo mundo.

CRIANDO OPORTUNIDADES CONSCIENTES PARA UMA ATENÇÃO DEDICADA

Há algum tempo não tão distante nesta jornada você foi convidado a passar por um dia de detox digital. Mais exatamente no dia 7, você encarou a experiência de se afastar do celular, e deve ter vivido uma gama de sentimentos, desde ansiedade até leveza.

Você não precisa fazer um detox digital hoje, embora fosse ser ótimo. Mas pode utilizar o que aprendeu antes para resistir à parentalidade distraída.

Determine algumas ocasiões do dia para deixar o celular longe de você, seja dentro do quarto ou em cima de uma estante. Se quiser acionar o modo avião, melhor ainda, pois nenhuma notificação chamará sua atenção. Mesmo que trabalhe com o celular, como é o caso de muitas pessoas, se você marcar pequenas sessões de quinze minutos no modo avião, tenho certeza de que não irá causar nenhuma catástrofe na sua vida.

Da mesma forma como no dia 7, observe e escreva no diário como você se sente durante esses breves intervalos de afastamento da tecnologia e aproximação das relações humanas. Normalmente, os pais que participaram dos grupos de foco relatavam que, dessa vez, foi mais fácil deixar o telefone de lado.

Busque, ao longo do dia, criar oportunidades para estar perto dos seus filhos, mas garanta que você estará plenamente próximo. Engaje-se com eles nas atividades que desejarem, lembrando os quatro pontos: afeto, responsividade, presença e disponibilidade. Ter isso em mente tornará mais fácil resistir aos movimentos aparentemente involuntários de alcançar o telefone. Evite isso para não precisar inventar desculpas:

— Ah, mas eu já vi esse desenho uma centena de vezes!
— O dia foi puxado, estou com tanto sono que preciso ficar no celular para não cair duro.
— É do trabalho!
— Peraí, é rapidinho, só um negocinho aqui.
— É importante, espere!

Lembre-se disso tudo quando for puxar seu celular no meio de uma sessão especial de cinema em casa com os seus filhos ou quando estiver jogando com eles e aguarda chegar a sua vez. É difícil, mas muito recompensador.

Talvez o dia de hoje tenha provocado pelo menos uma pontinha de culpa. Respire, lembre que a culpa só serve para nos paralisar e que na verdade ainda não conseguimos estabelecer uma relação saudável com a tecnologia, mais especificamente com os celulares. Todo mundo já disse um "É mesmo, filho?" para alguma coisa provavelmente fascinante que ele disse enquanto os olhos estavam fixos no celular, com a atenção completamente dispersa. Lamentar por esses momentos perdidos faz parte do processo, mas mais importante ainda é decidir o que fazer daqui em diante.

Não se esqueça também do check-in diário e da meditação. Essas atividades, inclusive, ajudarão você a refletir e lidar melhor com sentimentos que possam ter emergido ao longo da atividade de hoje.

EM RESUMO

- Entenda o que é a parentalidade distraída e principalmente como ela afeta você e seus filhos. Deixe a culpa de lado, perceba seus hábitos e trace planos de mudança.
- Conheça os pontos-chave quando estamos construindo um vínculo de apego seguro, entendendo que eles passam por afeto, responsividade, presença e também disponibilidade.
- Crie oportunidades conscientes para uma atenção dedicada, garantindo que você se engaje plenamente nas atividades propostas por seu filho, de uma sessão de cinema a uma partida de jogo de tabuleiro, contanto que o celular fique longe.

CHECK-IN DIÁRIO

☐ Como me sinto agora?
☐ Como foi o dia de ontem?
☐ Em que aspecto preciso de autocompaixão?
☐ Qual é o meu desafio do dia?
☐ Meditação para quem tem filhos.

DIA 21: RECONHECENDO O QUE FAZEMOS E PLANEJANDO O FUTURO

Chegamos ao último dia da jornada... Quanta coisa, né? Fico aqui, enquanto escrevo, tentando projetar o que deve estar passando pela sua cabeça, relembrando o que eu senti quando fiz a mesma trajetória e quando acompanhei todos os pais e mães dos grupos de foco.

Talvez exista alguma parte de você perguntando se tudo isso vale mesmo a pena, se é mesmo tão fundamental seguir todo esse caminho e, mais importante, manter essa Jornada do Afeto como sua jornada de vida.

Por isso, preciso compartilhar o que foi, provavelmente, o momento mais difícil da nossa vida em família para que você veja como somos atravessados e marcados tão profundamente pela experiência das nossas parentalidades. Há alguns anos, quando a Maya era apenas um bebê de cinco meses, comecei a perceber que quando gripes e viroses entravam na nossa casa elas passariam um bom tempo circulando por ali, como uma visita indesejada mas bastante teimosa.

Eu nunca entendi a recomendação que muitos pediatras dão quando se tem mais de um filho e um deles fica doente: "Evite que o filho adoecido tenha contato com o irmão, não deixe falar muito perto, abraçar ou beijar". Parece de fato uma boa recomendação, mas em um mundo fantástico, porque na minha casa as coisas são bem diferentes.

— Filho, você está doente e a sua irmã é uma bebê bem pequena. Não fique em cima dela, não dê beijo. Se for tossir ou espirrar, coloque o braço na frente, tá?

— Tá bem, papai.

Precisamente três segundos depois desse diálogo você poderá flagrar o filho doente lambendo o nariz da bebê. Por isso, quando alguém fica doente na minha família, eu já sei que é questão de tempo até os outros ficarem também; só torço para que não fique todo mundo junto.

Mas, voltando à história, quando a Maya tinha cinco meses, o Gael tinha quatro anos e o Dante seis, o Gael pegou uma virose na escola, como volta e meia pegava, mas daquela vez foi diferente. Ele foi piorando, e a Maya, ainda bebê, ficou bem doente também. Até que um dia, depois de deixar apenas o Dante na escola, quando estava a caminho do trabalho, a Anne me ligou:

— Amor, o Gael e a Maya pioraram. Acho que precisam ir para a emergência.

— Ok, estou voltando para casa agora.

Cheguei para buscá-los e os dois estavam bastante abatidos. Ficamos muito preocupados com o que eles tinham e fomos às pressas para o hospital. Ao chegar lá, algumas horas depois, o diagnóstico: uma bronquiolite grave, que dificultava a respiração e diminuía bastante a oxigenação do sangue. Não havia alternativa, eles precisavam de cuidados intensivos e ficariam internados.

Meu corpo gelou, a sensação de que alguém havia arrancado o chão sob meus pés era desesperadora. Eu e a Anne precisaríamos ficar no hospital, como acompanhantes: eu, do Gael. Anne, da Maya, uma vez que ela ainda mamava. A angústia e a impotência tomavam conta de mim. Eu não conseguia pensar direito, só chorar. De preocupação com a Maya, o Gael... e o Dante! Como eu ia cuidar do Dante? Foi a primeira vez que senti na pele a aflição de não ser suficiente, por uma questão meramente matemática.

Comecei a pensar no Dante, desesperado. Para ele, os irmãos estavam doentes mas em casa, com a mãe. O pai estaria trabalhando. Quando chegasse a hora do almoço, como de costume, a van do transporte escolar o levaria para casa e ele ficaria com a mãe e os irmãos.

Mas não nesse dia. Não nos próximos dias.

Ele chegaria em casa e não teria mais ninguém da família. Apenas uma pessoa próxima e querida que se dispôs a ficar com ele durante esse período, na nossa casa.

Eu não queria que essa pessoa contasse para o Dante o que havia acontecido. Sentia que era minha obrigação de pai falar sobre aquilo com ele, mas não podia deixar o Gael sozinho, podia? Foi então que eu e a Anne combinamos que ela ficaria de olho nos dois filhos, na enfermaria, para que eu pudesse ir em casa explicar tudo ao Dante e então voltar com as coisas necessárias para a nossa estada no hospital.

Meu caminho de carro do hospital até em casa foi de muitas lágrimas e desolação. Eu ainda não sabia o que falar para o Dante, muito menos se conseguiria falar. Mas precisava estar com ele. Cheguei abalado e o encontrei confuso, perguntando onde estava todo mundo e por que eu estava em casa — e não trabalhando.

— Dante, vem conversar com o papai no quarto, por favor.

Subimos as escadas, chegamos ao quarto. Sentei na cadeira, tentando emular uma força que não existia, e olhei para o Dante:

— Que foi, papai?

— Filho, seus irmãos...

E não consegui. Não fui capaz de completar a frase. Eu só conseguia chorar de desespero por não saber responder à simples pergunta do Dante. O coração doía e as palavras ficavam entaladas na garganta, pesadas demais para saírem da minha boca.

— Filho, desculp...

E chorava ainda mais. Respirava fundo, mas não conseguia falar. Fui ficando ainda mais preocupado por não conseguir fazer aquilo que eu precisava fazer como pai, naquele momento: acalmar e acolher o meu filho.

Foi então que o Dante chegou perto de mim, confuso, e me abraçou.

— Pai, tá tudo bem. Pode chorar. Eu vou te abraçar e te ajudar.

Chorei ainda mais, mas a primeira palavra que consegui dizer inteira foi "obrigado". Aos trancos e barrancos, entre soluços e lágrimas, expliquei para ele que eu e a Anne precisaríamos ficar alguns dias fora, acompanhando seus irmãos no hospital, mas que ele seria cuidado em casa e nunca ficaria sozinho. Ele entendeu, com uma expressão de tristeza e preocupação, e começou a me ajudar a arrumar as coisas.

Eu já era pai há seis anos, e todo o trabalho cuidando do Dante, acolhendo suas tristezas e choros, dando colo quando ele precisava, me trouxeram até esse momento, em que eu recebi o abraço e o colo mais importantes da minha vida. O Dante não sabe o quanto eu sou agradecido por aquele abraço, e o quanto eu precisava dele.

Esse foi o dia em que eu deixei de ser porto seguro por um tempinho e busquei o porto seguro no abraço do meu filho. No vínculo que vínhamos construindo todos os dias até então.

Foram dez dias de internação, entre altos e baixos, com pioras e melhoras, máscaras de oxigênio, medicações intravenosas, mais lágrimas e mais impotência. Até que por fim o Gael e a Maya tiveram alta. O dia em que voltamos para casa é aquele de que, tenho certeza, eu, a Anne e o Dante jamais esqueceremos. Talvez o Gael não se lembre. A Maya também não. Mas foi definitivamente o momento mais difícil das nossas vidas.

Todas as vezes que alguém diz para mim que abraços e colos não curam, eu me lembro dessa história e tenho certeza de que, às vezes, tudo o que precisamos é de um colo, não importa a nossa idade.

Não foi fácil escrever este livro, especificamente esse trecho da minha história, porque envolve escancarar minhas dores e marcas. Se você já me conhece das redes sociais, se já acompanha o meu trabalho há algum tempo, deve saber que escrevi essa parte do livro (e algumas outras) em meio às lágrimas. Por outro lado, é isso que me dá forças para escrever: a vontade de mostrar o poder do afeto, a potência dos vínculos que construímos com os nossos filhos e como podemos construir isso de um modo que não seja um fardo, porque, quando você menos esperar, vai se ver consolado por uma criança de seis anos.

Hoje, então, eu gostaria que você voltasse ao seu diário e lesse o que escreveu nos primeiros dias da jornada. Os objetivos maiores da sua parentalidade, os maiores desafios e gatilhos, as maiores conquistas. Então olhe para o agora. O que já mudou ao longo dos últimos 21 dias? O que, desta jornada, você gostaria de levar para a sua vida?

E, por fim, a pergunta que provavelmente não se responderá logo, mas talvez no futuro, quando você tiver vivido alguma história tão marcante com seus filhos a ponto de dar um estalo na sua cabeça: vale a pena fazer tudo isso?

Eu me arrisco a dizer que sim, vale a pena. Demais.

CHECK-IN DIÁRIO

- ☐ Como me sinto agora?
- ☐ Como foi o dia de ontem?
- ☐ Em que aspecto preciso de autocompaixão?
- ☐ Qual é o meu desafio do dia?
- ☐ Meditação para quem tem filhos.

Conclusão:
O quanto a gente erra

Era um belo domingo de verão, ensolarado e de muito calor. Tinha tudo para ser um daqueles domingos em que ficaríamos entocados dentro de casa, no ar-condicionado, para sobreviver ao forno, até que, no final do dia, eu e a Anne nos arrependeríamos de termos ficado enclausurados.

Mas esse domingo foi diferente. Criamos coragem para encarar o calor e aproveitamos o dia, fizemos passeios, adotamos um novo filhote de gatinho, para a alegria de todos da família. Afinal, quem não ama filhotes? No fim da tarde, depois de curtir bastante o novo membro da família, decidimos fechar o fim de semana com chave de ouro: fomos a um clube próximo de onde moramos para curtir uma piscina. Foi delicioso! Ficamos algumas horas brincando, nos refrescando e nos divertindo. As crianças fizeram amizades, lanchamos, foi tudo perfeito. Nada poderia dar errado. E, ao contrário do que você está esperando, não deu nada errado.

De modo surpreendente, nenhuma criança protestou ou chorou na hora de ir embora, ou seja, foi um dia vitorioso no campo da parentalidade. E realmente foi, mas quando a noite chegou, depois de uma pequena maratona como essa, e sobretudo depois de passar algumas horas na piscina, outra coisa veio junto: a exaustão.

Sim, essa velha amiga de quem tem filhos, que nos visita eventualmente ao longo do dia e com certeza vem nos encontrar quando o sol se põe. Antes mesmo de preparar o jantar, eu já podia sentir a exaustão tomando conta de mim. Quando isso acontece, nós só queremos que nossos filhos cooperem para que a rotina da noite seja suave, tranquila e rápida, para que eu e a Anne possamos descansar um pouco — mesmo que, com a Cora ainda bebê, as demandas noturnas continuem.

E, veja, as crianças estavam cooperando de verdade. Tomaram banho sem grandes dramas, se vestiram, sentaram para jantar quando chamei sem soltar um protesto sequer. Você deve estar imaginando quando é que alguma criança vai dar defeito para eu perder o controle, certo?

Mas calma, nada disso aconteceu. Quem deu defeito fui eu mesmo.

Assim que as crianças se sentaram à mesa, o Dante se levantou para buscar os talheres em uma gaveta do armário. Para minha surpresa, pegou apenas uma colher — para ele. O Gael viu isso, estranhou, e então se levantou para pegar duas colheres: uma para ele, outra para a Maya. Nenhuma das crianças parecia incomodada com a situação, mas eu fui tomado subitamente por uma onda de raiva.

Mil coisas passaram pela minha cabeça, potencializadas pela exaustão, até que eu disse para o Dante, com a raiva escorrendo pelas palavras:

— Parabéns, Dante. Você pegou uma colher só para você, nem pensou em pegar também para os seus irmãos. Que ótimo irmão você é.

Falei isso porque só queria colocar a minha raiva para fora. Nem pensei direito no que disse, e depois que vomitei a raiva continuei a vida normalmente, como se aquilo não fosse nada.

Enquanto as crianças terminavam de jantar, eu estava sentado no sofá, olhando o celular, esperando para colocá-las na cama. O Dante foi o primeiro a aparecer. Sentou-se ao meu lado e pegou um livro para ler. Chegou a comentar que gostava muito daquele livro, e, como quem estava tentando sentir o terreno em que pisava, lançou:

— É um dos meus livros preferidos, pai.

— Que bom que você gosta, filho, é uma história bem legal mesmo.

Respondi sem raiva. Afinal, já havia despejado ela toda. Eu me sentia mais calmo e controlado. O Dante, percebendo como eu estava, levantou, olhou para mim e disse:

— Pai, na hora do jantar você foi sarcástico comigo. Disse que eu era um ótimo irmão, mas isso quer dizer que sou um péssimo irmão. E isso machucou o meu coração.

E começou a chorar.

Eu posso escrever mil livros, mas nunca serei capaz de colocar em palavras como me senti ouvindo aquilo e tomando consciência da dimensão da violência que cometi com meu filho. Chorando bastante, falei para ele:

— Filho, quero pedir desculpas a você. Eu não devia ter feito isso. Não mesmo. Estou muito envergonhado e me sentindo culpado por ter falado algo tão horrível para você só porque estava cansado e com raiva.

Eu só conseguia me sentir o pior pai de todo o mundo. Como, depois de tantos anos estudando, eu podia cometer uma violência daquelas? E, sim, muitas vezes violências vêm em forma de palavras, não apenas de palmadas. E algumas delas machucam muito mais que um tapa. O Dante, vendo o que estava acontecendo, respondeu:

— Não, pai, você não precisa se sentir envergonhado e culpado. Você errou, mas todo mundo erra. Você errou tentando fazer o certo.

A atitude do Dante só me fez ficar ainda pior quando percebi que uma criança de dez anos tinha tanta clareza do que acontecia ao seu redor, tanta empatia e compaixão em seu coração, e, ao mesmo tempo, coragem de falar sobre o meu erro sem medo de novas reações violentas. Respondi:

— Mas filho, eu me sinto culpado sim. Culpado porque eu machuquei o coração de alguém que amo muito. Porque não consegui respirar e me controlar, e quis despejar minha raiva e frustração em cima de você. Porque você é um filho que eu amo demais da conta, e que, mesmo quando você erra, eu continuo amando. Você é tão incrível, e eu ainda machuquei você.

— Você sempre diz que quando eu erro você continua me amando, pai. E você errou hoje, mas eu continuo amando você. É que quando a gente começa a chorar é difícil parar, né?

— Sim, filho, é difícil. Isso quer dizer que a gente ainda precisa chorar mais um pouco mesmo. Fica aqui no meu colo até passar. Me desculpe.

Eu entendo que esse é também o resultado de todos os anos de uma relação de afeto que eu e o Dante construímos, e parte disso vem desse lugar dele, de se sentir seguro o suficiente na nossa relação para apontar os meus próprios erros. Hoje, enquanto escrevo essas palavras, meu coração transborda de admiração pelo menino que o Dante é, e não posso deixar de imaginar como vai ser um cara mais legal ainda no futuro.

Essa pequena história que aconteceu comigo é apenas para ilustrar para você, querido leitor, que, por mais que você cumpra todos os 21 dias da jornada, ainda vai errar. Veja bem, eu, que escrevi este livro, ainda sou capaz (e muito) de errar.

Criar filhos não é acertar, mas saber admitir os erros, ouvir nossos filhos, aprender com eles e, acima de tudo, reparar nossos desacertos e relações. Eu espero, de todo o coração, que este livro tenha ajudado você a criar mais repertório para lidar com os desafios de cada dia enquanto equilibra todos os pratos: trabalho, relações amorosas, família, filhos, casa. Que ele tenha oferecido um caminho para você chamar de seu, numa bela jornada em busca de uma relação mais prazerosa e equilibrada entre a sua vida e a vida dos seus filhos.

Que este livro lembre você que todos nós erramos com os nossos filhos, mas que estamos tentando acertar.

E, por fim, que ele seja um abraço em você.

Nós conseguiremos.

Se você tiver interesse

Aqui vão alguns livros que me ajudaram na minha jornada:

Catherine Price, *Celular: Como dar um tempo*. Trad. de Guilherme Miranda. São Paulo: Fontanar, 2018.

Daniel Siegel e Tina Payne Bryson, *O cérebro do bebê*. Trad. de Cássia Zanon. São Paulo: nVersos, 2015.

Donald Winnicott, *Bebês e suas mães*. Trad. de Breno Longhi. São Paulo: Ubu, 2020.

Isabelle Filliozat, *Já tentei de tudo*. Trad. de Daniela Cerdeira. Rio de Janeiro: Sextante, 2018.

Marshal Rosenberg, *Comunicação não violenta*. Trad. de Mário Vilela. Campinas: Ágora, 2021.

Recursos para consulta rápida

JORNADA

1. Preparação do diário;
2. Reconhecimento de terreno;
3. Olhar para trás;
4. Olhar para hoje;
5. Olhar para o lado;
6. Avaliar o hoje com o filho;
7. Detox digital;
8. Mudando a perspectiva;
9. O abraço que contorna e acolhe;
10. Cogitando o "sim";
11. Encontrando regulação na rotina;
12. Combinado não sai caro;
13. Acolhimento que transforma;

14. Reparando a colcha de retalhos;

15. Enchendo o potinho do amor;

16. Encontrando a bondade dos seus filhos;

17. Construindo o tempo juntos;

18. Resolvendo problemas com reuniões de família;

19. Focando no que você pode mudar;

20. Lutando contra a parentalidade distraída;

21. Reconhecendo o que fazemos e planejando o futuro.

CHECK-IN DIÁRIO

- [ ] Como me sinto agora?
- [ ] Como foi o dia de ontem?
- [ ] Em que aspecto preciso de autocompaixão?
- [ ] Qual é o meu desafio do dia?
- [ ] Meditação para quem tem filhos.

TIPOGRAFIA Adriane por Marconi Lima
DIAGRAMAÇÃO Osmane Garcia Filho
PAPEL Pólen Natural, Suzano S.A.
IMPRESSÃO Lis Gráfica, junho de 2024

A marca FSC® é a garantia de que a madeira utilizada na fabricação do papel deste livro provém de florestas que foram gerenciadas de maneira ambientalmente correta, socialmente justa e economicamente viável, além de outras fontes de origem controlada.